GEDÄCHTNIS-
TRAINING

10 SCHRITTE
ZUM PERFEKTEN
GEDÄCHTNIS

Dr. Jo Iddon & Dr. Huw Williams

GEDÄCHTNIS-TRAINING

10 SCHRITTE
ZUM PERFEKTEN GEDÄCHTNIS

EDITION XXL

INHALT

EINFÜHRUNG

Wie oft versuchen Sie, sich an einen Namen zu erinnern, der Ihnen „auf der Zunge liegt“, oder wie oft wissen Sie nicht mehr, warum Sie einen Raum betreten haben? Vielleicht sind Sie manchmal überrascht, wie schnell und klar Ihr Gedächtnis arbeitet, während es Sie ein anderes Mal im Stich lässt. Vielleicht fühlen Sie mit Besorgnis, dass Ihr Erinnerungsvermögen nachlässt, weil Sie wohl älter werden. Nun, der beste Weg das Gedächtnis zu verbessern, besteht darin, sein Wesen und seine Arbeitsweise zu verstehen.

Was also ist Gedächtnis?

Der Begriff „Gedächtnis“ umfasst die Abläufe, mit denen unser Gehirn Informationen über unsere Umwelt speichert und wiedergibt. Die Inhalte sind natürlich für jeden Menschen sehr individuell.

Wie arbeitet das Gedächtnis?

Die Vorgänge im Gehirn wurden mit verschiedenen Methoden sehr detailliert wissenschaftlich untersucht. Das Gedächtnis kann demnach in drei Bereiche unterteilt werden: Erfassung (Einlagern der Informationen), Speicherung (der Informationen) und Wiedergabe (Auffinden der Informationen, wenn wir sie benötigen).

Je nach Bedarf arbeiten verschiedene Gedächtnistypen für uns. Das Kurzzeitgedächtnis sondert unwichtige Informationen aus und behält die wichtigen gerade lange genug, um zum Beispiel eine Telefonnummer zu wählen. Das Langzeitgedächtnis ist ein höchst dauerhafter, strukturierter Speicher, der „Unterspeicher“ für besondere Ereignisse in unserem Leben bereithält.

Durch geeignete Strukturierung der aufgenommenen Informationen können wir unser Erinnerungsvermögen deutlich verbessern.

Konzentration, Planung und Organisation spielen eine entscheidende Rolle für die Gedächtnisfunktionen.

Das Gedächtnis ist empfindsam und wird von verschiedenen Faktoren beeinflusst, etwa vom Alter, vom Geschlecht oder von der inneren Zufriedenheit. Alles, was unser Gehirn betrifft, wirkt sich auch auf das Gedächtnis aus: was man isst, wie viel Alkohol man trinkt, wie oft man fliegt oder ob man schwanger ist.

Zum Gebrauch dieses Buches

Dieses Buch soll Ihnen in zehn Schritten helfen, Ihr Gedächtnis zu verbessern. Gehen Sie am besten der Reihe nach vor und vergewissern Sie sich, dass Sie jeden Abschnitt verstanden haben, bevor Sie weitermachen. Zunächst erfahren Sie, was das Gedächtnis ist und wodurch es beeinflusst wird. Anschließend lernen Sie Ihr eigenes Gedächtnis anhand von Übungen und Aufgaben kennen. Die zweite Hälfte des Buches befasst sich mit den verschiedenen Möglichkeiten Ihr Gedächtnis zu verbessern sowie mit Strategien, wie bestimmte Situationen zu meistern sind.

Was können Sie erwarten?

- **Sie werden die dem Gedächtnis zugrunde liegenden Prozesse verstehen lernen.**
- **Sie werden Ihr eigenes Gedächtnisprofil kennenlernen – seine besonderen Stärken und Schwächen.**
- **Sie erfahren etwas über situationsabhängige Strategien zur Verbesserung Ihres Gedächtnisses.**
- **Sie lernen den Einfluss Ihrer Lebensumstände auf Ihr Gedächtnis kennen – und was Sie besser machen könnten.**

Die Schnellübersicht von Schritt 10 soll eine hilfreiche, zusammenfassende Wiederholung sein. Aber bedenken Sie: Gedächtnisübungen sind wie Körpertraining – sie kosten Zeit, Mühe und Disziplin.

Viel Glück!

DAS GEDÄCHTNIS VERSTEHEN

Das Gedächtnis ist ein physischer Informationsspeicher in unserem Gehirn. Es ist persönlich, es kann uns mitteilen, was wir gestern oder vor zehn Jahren gemacht haben, und es weiß, was wir für morgen planen. Erinnerungen an die Kindheit können durch ein Gedicht oder romantische Erinnerungen durch den Duft einer Blume geweckt werden. Gedächtnisforschung wird schon seit Langem – heute mit den raffiniertesten Methoden – betrieben. Aber mit jeder beantworteten Frage tauchen neue auf. Wir wollen Ihnen hier das aktuelle Wissen über das Gedächtnis vermitteln und zeigen, wie Sie seine Fähigkeiten besser nutzen können.

WIE LERNEN WIR ETWAS ÜBER DAS GEDÄCHTNIS?

Psychologische Tests

Die Wissenschaftler, vor allem die Neuropsychologen, haben viele unterschiedliche Ansätze entwickelt, um das Gedächtnis zu erforschen. So testen sie, wie Leute reagieren und was ihre Leistungsfähigkeit beeinflusst. Zum Beispiel zeigen sie den Probanden verschiedene Bilder und testen ihre **visuelle Wiedererkennungsfähigkeit**. Oder sie lesen eine Liste mit Wörtern vor und lassen die Probanden sie wiederholen. Hierbei wird die **verbale Merkfähigkeit** getestet.

Bei solchen Tests hat man herausgefunden, dass man sich im Durchschnitt etwa sieben Wörter (oder Zahlen) merken kann, und zwar am Leichtesten die ersten und die letzten. Wenn die Informationen geordnet sind, etwa in Gruppen, kann man häufig wesentlich mehr – und längere Zeit – im Gedächtnis behalten. Aus solchen Tests hat man Funktionsmodelle des Gedächtnisses abgeleitet.

Fehlfunktionen von Gehirn und Gedächtnis

Ein großer Teil unseres Wissens über das Gedächtnis stammt vom Studium geistig gestörter Menschen. So konnten Diagnose und Rehabilitation geistiger Störungen entwickelt werden.

Auch Patienten mit Gedächtnisschwund, bei denen ein Teil des Gehirns verletzt ist, waren eine große Hilfe. Sie können beschreiben, wie sie nach ihrer Verletzung die Welt erleben. Die Funktion des Gehirns lässt sich auch untersuchen, indem man die unterschiedlichen Arten des Gedächtnisses misst.

So haben die Wissenschaftler Profile der verschiedenen Gedächtnisarten und Hirnbereiche entwickelt.

BRAIN IMAGING (NEURO-RADIOLOGIE)

Brain Imaging ist eine höchst nützliche Entwicklung in der Erforschung des Gedächtnisses und seines Sitzes im Gehirn.

- Die computergestützte Tomografie (CT) scannt das Gehirn mit Röntgenstrahlen und zeigt die Strukturen im Gehirn. Werden Bilder von verletzten Gehirnen mit Gedächtnistests kombiniert, lassen sich die Orte des Gedächtnisses im Gehirn lokalisieren.
- Functional Magnetic Resonance Imaging (FMRI) wird verwendet, um Änderungen im Gehirn zu verfolgen. Dies geschieht durch die Aufnahme von „Markern“, die die Gehirnaktivität zeigen. Der Wissenschaftler „sieht“ das Gedächtnis arbeiten.
- Die Positronen-Emissions-Tomografie (PET) ist eine weitere Scanmethode, mit der man Änderungen im Blutkreislauf und chemische Reaktionen im Gehirn untersuchen kann, während das Gedächtnis arbeitet.

WIE DAS GEDÄCHTNIS ARBEITET

In diesem Buch konzentrieren wir uns auf die für den Alltag entscheidenden Punkte zum Verständnis des Gedächtnisses, das insbesondere drei Funktionen hat: Aufnahme, Speicherung und Wiedergabe von Informationen. Wir stehen erst am Anfang zu verstehen und Theorien zu entwickeln, wie die Puzzleteile des Gedächtnisses zusammengehören.

Das Gehirn ist aktiv

Während das Gehirn irgendetwas macht, dessen wir uns bewusst sind, tut es „im Hintergrund" noch viele andere Dinge.

Das Gedächtnis ist komplex

Viele Teile des Gedächtnisses bewirken zusammen das Empfinden für Vergangenheit, Gegenwart und Zukunft.

GEHIRN UND GEDÄCHTNIS

Die Funktionen des Gedächtnisses spielen sich im Gehirn ab. Unterschiedliche Informationen werden aufgenommen und an unterschiedlichen Orten gespeichert.

- Die meisten Erinnerungen werden in der Großhirnrinde (Kortex) gespeichert.
- Die linke Hirnhälfte ist überwiegend für das verbale und die rechte Hälfte für das visuelle Gedächtnis zuständig.
- Im Frontallappen sitzt das Kurzzeitgedächtnis.
- Die Aufnahme neuer Informationen erfolgt im Schläfenlappen.
- Visuelle Informationen werden über unsere Augen aufgenommen und in den hinteren Gehirnteil, den Hinterhauptslappen, transportiert.
- Akustische Informationen gelangen über die Ohren in den Schläfenlappen (Temporallappen).
- Das räumliche Empfinden wird auch im Scheitellappen verarbeitet.
- Spezielle Bereiche des Hirns sind für Sprache, emotionales Gedächtnis und Verhaltensweisen zuständig.

Direktes und indirektes Gedächtnis

Ein Kind lernt, dass ein „Ding“ mit vier Beinen und einem Schwanz „Katze“ genannt wird. Es sieht einen Esel, sagt „Katze“ und wird korrigiert: „Nein, es hat große Ohren und isst Karotten ... es ist ein Esel.“ Das Kind sieht einen Hasen Karotten essen und sagt „Esel“ und wird wieder korrigiert: „Hase ... er hoppelt“, usw. Definitionen und Gruppierungen entstehen durch Beschreibungen: Kleine, hoppelnde Karottenesser sind Hasen, große Karottenesser, die wiehern, sind Esel.

Das Erlernen der Sprache ist zunächst ein direkter Lernprozess, später ein indirekter. Dies gilt für viele Gebiete der Wissensvermehrung, z. B. auch für das Radfahren. Mit der Zeit wird das Lernen indirekt. Wir können kaum beschreiben, wie wir uns Fähigkeiten aneignen, weil indirektes Lernen automatisch erfolgt.

DAS GEDÄCHTNIS SPIELT VERRÜCKT

Manchmal sind wir genervt, weil uns das Gedächtnis im Stich lässt. Im entscheidenden Augenblick vergessen wir wichtige Dinge oder erinnern uns an Nebensächlichkeiten zur unrechten Zeit. Wir sind in Eile, wollen noch schnell an einem Bankautomaten Geld abheben und haben unsere Geheimnummer vergessen. Wie sollen wir das der Bank erklären? „Was ist los mit mir?“, schießt es uns durch den gestressten Kopf. Bezeichnenderweise fällt uns die Geheimnummer etwas später wieder ein. So ergeht es von Zeit zu Zeit sicherlich uns allen. Und ganz offensichtlich ist es der Stress des Augenblicks, der unser Erinnerungsvermögen unterdrückt.

DAS KURZZEITGEDÄCHTNIS

Am einfachsten stellt man sich das Kurzzeitgedächtnis als eine Ansammlung von Informationen vor, die in unserem momentanen Bewusstsein abgelegt sind und die den allerjüngsten Ereignissen und Erfahrungen entspringen. Wir benutzen zum Beispiel das Kurzzeitgedächtnis, um uns für die Dauer des Wählens eine bestimmte Telefonnummer zu merken.

Das Gedächtnisfilter

Über unsere Sinnesorgane nehmen wir Informationen in unser Gehirn auf. Aber unser Bewusstsein lässt nur das durch, was gebraucht wird – der Rest wird ausgefiltert. Stellen Sie sich vor, Sie sitzen über einem Buch und nehmen nur die Wörter wahr, die Sie lesen. Halten Sie für einen Augenblick inne und machen Sie sich bewusst, was um Sie herum geschieht – vielleicht blättert Ihr Partner in einer Zeitung, vielleicht nehmen Sie einen Geruch aus der Küche wahr oder das leise Surren Ihres Computers.

Konzentrieren Sie sich wieder auf Ihr Buch und die Geräusche werden allmählich unwichtig. Ihr Kurzzeitgedächtnis konzentriert sich wieder auf das Lesen. Dieses Filter spielt eine entscheidende Rolle für die Gedächtnisfunktion, weil es unser Hirn vor Übersättigung durch unwichtige Informationen schützt.

Die Kapazität des Kurzzeitgedächtnisses

Das Kurzzeitgedächtnis hat nur eine begrenzte Kapazität von etwa sieben „Speicherplätzen". Sie könnten sich vielleicht die Namen von sieben Personen merken, aber wenn es mehr werden, beginnen Sie, welche zu vergessen. Um etwas im Kurzzeitgedächtnis zu behalten, muss man damit arbeiten. Zum Beispiel muss man sich eine Telefonnummer immer wieder vorsagen, um sie während des Wählens nicht zu vergessen. Nach wenigen Augenblicken wird die Nummer in Ihrem Bewusstsein durch andere Informationen ersetzt.

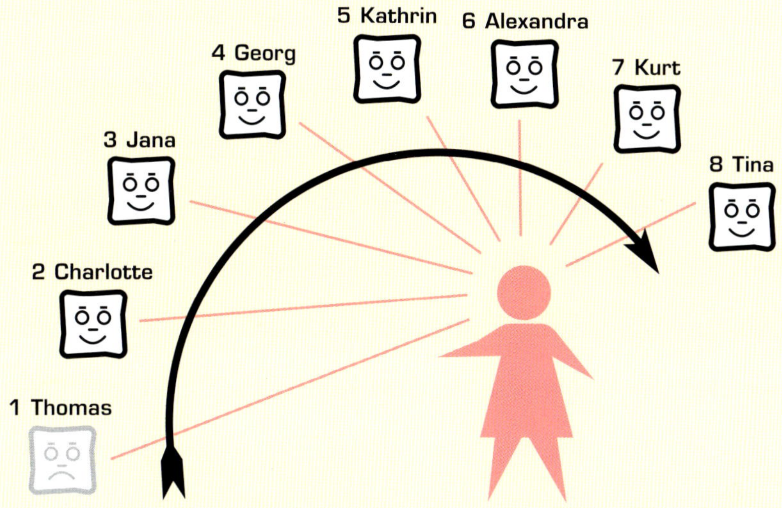

Sabine wird einer Gruppe von acht Leuten vorgestellt: Thomas, Charlotte, Jana, Georg, Kathrin, Alexandra, Kurt und Tina. Mit dem Hören der Namen speichert Sabine diese in jeweils einem „Speicherplatz" ihres Kurzzeitgedächtnisses. Mit dem Namen Kurt sind alle sieben Speicher voll und mit dem Merken der achten Person (Tina) wird der erste Name (Thomas) vergessen.

Informationen aufnehmen

Unser Kurzzeitgedächtnis nimmt seine Informationen auf verschiedene Weise auf.

Visuell

Wir versuchen, den Namen einer Person mit einem Bild zu verbinden, zum Beispiel mit einem Hut, den sie trägt.

Akustisch

Dies ist die häufigste Art, Informationen aktiv im Kurzzeitgedächtnis zu halten. Sie bedingt die Wiederholung der Information, etwa eines Namens oder einer Nummer.

Semantisch

Hierbei stellen wir eine inhaltliche Assoziation her, zum Beispiel an eine vertraute Person gleichen Namens.

Konzentration

Die Kurzzeiterinnerung ist flüchtig und reißt leicht ab. Konzentration ist daher ein wichtiger Faktor, sich etwas zu merken. Vielleicht werden Sie sich dessen erst bewusst, wenn Sie gestört werden. Hier sind zwei typische Beispiele:

Wie war noch mal die Telefonnummer von Maria?

Telefonnummern

Sie sehen eine Telefonnummer in Ihrem Adressbuch nach. Gerade als Sie wählen wollen, hören Sie ein Geräusch an der Tür. Vermutlich müssen Sie nun die Telefonnummer noch einmal nachsehen. Ihr aktives Gedächtnis wurde nämlich unterbrochen. Sie haben vorübergehend Ihre Konzentration verloren.

Warum kam ich hier herein?

Sie ordnen in der Küche einige Papiere und brauchen dazu Heftklammern. Während Sie ins Büro gehen, um die Heftklammern zu holen, überlegen Sie, was Sie abends kochen könnten. Im Büro können Sie sich dann nicht mehr erinnern, weshalb Sie hier sind. Und das nur, weil Sie abgelenkt wurden.

UNBEWUSSTES GEDÄCHTNIS

Informationen können unbemerkt unser Filter passieren. In den 1960er Jahren griff die Fernsehwerbung das Konzept der unterbewussten Werbung auf. Man zeigte das Bild eines Produkts, zum Beispiel ein Waschmittel, für einen sehr kurzen Augenblick am Bildschirm. Dies konnte zu einer beliebigen Zeit – auch mitten in einem Film – sein. Das Bild blitzte so kurz auf, dass man es bewusst gar nicht wahrnahm, aber es setzte sich unbewusst im Gedächtnis fest.

Wenn der Zuschauer das nächste Mal im Supermarkt ein Waschmittel kaufen wollte, erschien ihm das Bild schon vertraut, und es konnte die Kaufentscheidung zugunsten dieses Produkts beeinflussen. Schwerwiegende Bedenken gegen diese Art von Gehirnwäsche führten zu einem Verbot solcher Werbetechniken.

LANGZEITGEDÄCHTNIS

Vom Gehirn als wichtig erkannte Informationen werden vom Kurzzeitgedächtnis in das Langzeitgedächtnis übernommen. Stellen Sie sich vor, eine erfasste Information wird durch eine Eingangstür in eine Diele (Kurzzeitgedächtnis) und von dort in einen riesigen Raum gebracht, wo sie einsortiert und gelagert wird. Dieser Raum, das Langzeitgedächtnis, besitzt eine fast unbegrenzte Kapazität.

Erinnern

Unser Gedächtnisspeicher ist zwar organisiert, jedoch nicht so wie eine Bibliothek. Wenn wir Informationen abrufen wollen, müssen wir sie suchen. Manchmal erinnern wir uns sofort, manchmal dauert es etwas länger.

Gelegentlich können wir uns überhaupt nicht erinnern. Denn je mehr wir lernen, desto mehr konkurrierende Informationen müssen wir auseinanderhalten. Stellen Sie sich einen Sack mit Kieselsteinen vor: Wenige Steine im Sack kann man leicht auseinanderhalten. Aber je mehr Steine es werden, desto schwieriger wird die Unterscheidung.

Versagende Erinnerung

Manchmal können wir uns einfach nicht an etwas erinnern, obwohl wir meinen es zu wissen.

Das Phänomen „auf der Zunge liegen“

Sie sind sich sicher, dass Sie die Antwort auf eine Frage wissen, aber es geht nicht.

Falsch verstanden

Es kommt vor, dass wir eine Information zu ungenau aufnehmen, um sie später wiederzugeben. Sie glauben, etwas verstanden zu haben, aber wenn Sie es anschließend jemandem erklären sollen, haben Sie Gedächtnislücken.

ALLE UNFALLZEUGEN ERINNERN SICH ETWAS UNTERSCHIEDLICH

Erinnern an die Zukunft

Es gibt eine merkwürdige Art von Gedächtnis, die in einer Kombination aus Kurzzeit- und Langzeitgedächtnis besteht: Das Gedächtnis für Zukünftiges, also für Dinge, die noch nicht geschehen sind. Hierzu gehören etwa, was Sie nächste Woche machen wollen, was Sie planen oder wovon Sie träumen.

AUSSAGEN VON AUGENZEUGEN

Wir neigen dazu, manche Erinnerungen „dynamisch" zu erneuern und dabei Gedächtnislücken zu „füllen". Zeugenaussagen sind ein gutes Beispiel dafür, wie die Erinnerung aus Teilen zusammengesetzt wird.

- Zeugenbeeinflussung – Wenn ein Zeuge gefragt wird, wie schnell das Auto an ihm „vorbeiraste" anstatt „vorbeifuhr", wird er eher zu einer höheren Geschwindigkeit neigen. Wir können Geschwindigkeiten nicht gut schätzen, aber das gehörte Wort „rasen" anstatt „fahren" assoziiert in der Erinnerung ein höheres Tempo.
- Verzerrte Erinnerung – Wenn man bei einem Verkehrsunfall beschreiben soll, wie die Autos „ineinanderkrachten" anstatt „kollidierten", wird die Zeugenaussage dramatischer ausfallen.

... das Auto „fuhr" ...

... das Auto „raste" ...

Gedächtnisspeicher

Informationen, die von unterschiedlichen Sinnesorganen oder aus verschiedenen Zeitperioden stammen, werden an unterschiedlichen Orten im Gehirn abgelegt. Ein Geburtsdatum, ein Geschäftstermin und eine Einkaufsliste werden unterschiedlich gespeichert. Dabei sind zwei Speicherarten wichtig:

Semantisch

Dies ist der Speicher für das allgemeine Wissen, etwa wie in einem Lexikon. Jedes Tatsachen-Wissen ist von semantischer Art, zum Beispiel dass Paris die Hauptstadt von Frankreich ist.

Episodisch

Dies ist ein persönliches Gedächtnis für erlebte Ereignisse, was wir gestern oder in den letzten Ferien machten.

DIE ZEIT GEHT VORÜBER

Ihre bewusste Erfahrung konzentriert sich auf „hier und heute". Sie wird jedoch schnell in einen anderen Speicherbereich weitergeleitet oder ausgelöscht. Sie erinnern sich, dass Sie gestern Abend im Kino waren. Die Erinnerung an diese Episode wird das „autobiografische Gedächtnis" genannt. Sie erinnern sich heute an die Hauptfigur des Films, aber in einem Monat vielleicht nur noch an die Handlung. Und in einem Jahr sehen Sie sich den Film womöglich noch einmal an und beginnen erst allmählich, sich an ihn zu erinnern.

Heute — **Nach 6 Monaten** — **Nach 1 Jahr**

„Ich sah den Film ‚Der Dritte Mann' mit Orson Welles."

„Ich sah den Film ‚Der Dritte Mann' mit ???"

„Es könnte sein, dass ich den Film … schon gesehen habe."

ANDERE GEDÄCHTNISARTEN

Innerhalb des Gedächtnisses gibt es drei weitere Arten, die uns helfen, im normalen Alltag zu bestehen. Es sind dies die Gedächtnis-Skripte, die Gedächtnis-Schemen und die Gedächtnis-Landkarten.

Gedächtnis-Schemen

Gedächtnis-Schemen sind Sammlungen von Aktionen, die durch einen geeigneten Anstoß automatisch ablaufen.

Beispiel:
Sie fahren im Auto, sehen eine rote Ampel und beginnen automatisch zu bremsen.

Gedächtnis-Skripte

Gedächtnis-Skripte beziehen sich auf Handlungen, die insbesondere das soziale Verhalten betreffen. Es ist das allgemeine Gedächtnis, um alltägliche Situationen zu meistern.

Wenn Sie zum Beispiel in ein Restaurant gehen, wissen Sie, dass Ihnen oft vom Personal ein Platz zugewiesen wird, dass man Ihnen die Speisekarte vorlegt, dass die Bedienung Ihre Bestellung aufnimmt, dass ein Menü in einer bestimmten Reihenfolge serviert wird und dass Sie am Ende eine Rechnung bekommen.

Gedächtnis-Landkarten

Unser Wissen über unsere Umgebung ist unter anderem in einer „Gedächtnis-Landkarte“ organisiert.

Beispiel:
Wenn Sie in eine neue Gegend ziehen, ist zunächst alles fremd und Sie möchten sich orientieren. Nach einigen Wochen werden Sie mit ihrer neuen Umgebung allmählich vertraut, sie kennen die Straßen, wissen, wo Sie einkaufen können oder wo der Bahnhof ist. Sie haben den Ortsplan im Kopf. Sie haben in Ihrem Gehirn eine mentale Landkarte erstellt.

	Gedächtnis-Schema	Gedächtnis-Skript	Gedächtnis-Landkarte
Ereignis	Verkehrsampel steht auf Rot	Essen gehen im Restaurant	Umziehen in eine neue Gegend
Aktion	Fuß geht automatisch auf die Bremse	Wissen, dass das Essen aus der Speisekarte gewählt wird	Straßen in der Umgebung werden allmählich vertraut

Sie hören die Türglocke, daher öffnen Sie die Tür.

Nach dem Essen im Restaurant würden Sie niemals das Geschirr spülen.

Sie finden Ihren Weg zur Arbeit ohne Landkarte.

ARTEN DER INFORMATION

Eine Information kann verbaler oder visueller Natur sein, sie kann durch Fühlen (haptisch) oder durch Riechen aufgenommen werden oder sie kann emotional sein. Einige Hirnbereiche sind darauf spezialisiert, diese unterschiedlichen Informationsarten zu verarbeiten. Andere Bereiche verknüpfen alle Einzelinformationen mit dem Ziel einer integrierten Information. So wird der Duft einer Rose, den die Nase wahrnimmt, mit dem Bild einer Rose, welches das Auge erfasst, assoziiert.

Ein einzelnes Glied in der Assoziationskette kann die Erinnerung an die anderen Glieder dieser Kette auslösen. Forschungsergebnisse zeigen, dass bestimmte Ketten dazu dienen können, das Gedächtnis zu beleben, und zwar altersabhängig. Bei der Untersuchung des autobiografischen Gedächtnisses hat man festgestellt, dass das Anstoßen einer Assoziationskette bei jungen Menschen das Gedächtnis kaum zusätzlich belebt. Bei älteren Personen hingegen wird das Gedächtnis sehr lebhaft angeregt. Wenn man dies weiß, kann man sein Erinnerungsvermögen deutlich verbessern.

Assoziationsketten können dem Gedächtnis ganz schön „auf die Sprünge" helfen.

ÜBUNG: TESTEN SIE IHR AUTOBIOGRAFISCHES GEDÄCHTNIS

Erinnern Sie sich an vergangene Ereignisse, die mit folgenden Wörtern verknüpft sind:

Fluss • Krankenhaus • Garten • Enttäuschung • Paris

Erinnerung ist persönlich

Träume, Gedanken, Handlungen, Namen, Gesichter, Gerüche, Gefühle und vieles mehr werden durch Erinnern ins Bewusstsein zurückgeholt. Unser Gedächtnis funktioniert auf verschiedene Weise und mal ist der eine Gedächtnistyp vorherrschend und mal der andere. In gewisser Hinsicht ist unser Gedächtnis ein Netz, das von allen unseren Sinnesorganen gewebt wird.

Wenn Sie sich zu erinnern versuchen, wird Ihr Gedächtnis Sie durch Assoziationen unterstützen wollen. Aus Forschungsergebnissen geht hervor, dass es Ihr persönliches Wissen und Ihre persönliche Interpretation der Dinge sind, die Ihr Gedächtnis steuern und dem Gedächtnis seine Sinnhaftigkeit geben.

Du bist, an was du dich erinnerst.

SELBSTGEFÜHL

„Sein oder Nichtsein, das ist hier die Frage." Die meisten Leute kennen dieses Zitat aus Shakespeares „Hamlet". Wenn Sie mit der Handlung vertraut sind, wissen Sie, dass diese Worte in einer besonderen Schicksalsstunde gesprochen wurden. Dennoch sind diese Worte für Sie nicht so wichtig wie die ersten gesprochenen Wörter Ihres kleinen Kindes oder wie eine an Sie gerichtete Liebeserklärung. Für Sie ist Ihre eigene Szene dramatischer als diejenige Shakespeares, denn es ist Ihre persönliche. Wenn Sie sich daran erinnern, werden Emotionen ausgelöst, die zu Herzen gehen.

Das persönliche Gedächtnis ist das Persönlichste, was wir haben. Es gibt uns unser Selbstgefühl. Im Zentrum der Erinnerung stehen Sie. Das Gedächtnis arbeitet weitgehend nach dem Prinzip „Ist es nur jetzt von Interesse oder wird es für mich persönlich wichtig sein?". Man nennt dieses Gedächtnis manchmal „Gefühltes Bewusstsein".

VERSTEHEN, WAS DAS GEDÄCHTNIS BEEINFLUSST

Die Art und Weise, wie das Gedächtnis funktioniert, hängt von verschiedenen Faktoren ab. Um die Gedächtnisleistung zu verbessern, müssen Sie erkennen, welche dieser Faktoren für Sie am wichtigsten sind und warum man manchmal auch etwas vergessen muss. Vergessen ist die Unfähigkeit, sich zu erinnern, zu reproduzieren, was man früher gelernt hatte – mit anderen Worten, auf eine Frage wie „Was haben Sie letzten Donnerstag gemacht?" nichts antworten zu können.

ARTEN DER INFORMATION

Vergessen ist normal – wir müssen uns nicht an alles erinnern können. Ohne Vergessen würde Ihr Kopf mit viel zu viel Informationen verstopft werden. Deshalb ist Vergessen entscheidend für die Fähigkeit, sich an das zu erinnern, was man sich merken will oder muss.

Warum müssen wir Dinge vergessen?

Es gibt drei Gründe, warum wir vergessen.

1. Schwindende Erinnerung

Informationen im sensorischen Speicher neigen dazu, sich rasch abzubauen. Wenn sie ins Arbeitsgedächtnis, in den akustischen oder visuellen Speicher, gelangt sind, bleiben sie dort für vielleicht 30 oder 40 Sekunden, verschwinden aber, wenn sie nicht tatsächlich gebraucht werden. Für den akustischen Speicher bedeutet dies, dass die Information noch einmal gesprochen oder gehört werden muss. Im visuellen Speicher muss mit den Bildern gearbeitet werden. Andernfalls verschwindet die Information.

2. Interferenzen

Informationen im Kurzzeitgedächtnis können Opfer von Interferenzen werden, wenn neue Informationen hinzukommen. Wissen Sie, was Sie vor fünf Minuten gerade gedacht haben?

3. Speicherfehler

Manchmal werden Informationen nicht richtig oder nicht vollständig abgespeichert, sodass der Zugriff auf den Speicher erschwert ist. Manchmal ist überhaupt keine Erinnerung da. Und bei lückenhafter Speicherung wird die Erinnerung schwieriger.

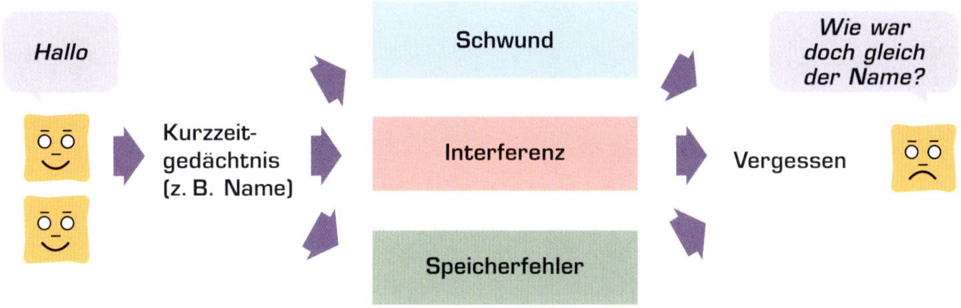

Andere Faktoren des Vergessens

Die Gedächtnisleistung kann durch verschiedene Faktoren beeinflusst werden: dadurch, wie müde Sie sind, wie viel Kaffee oder Bier Sie getrunken haben, ob Sie entspannt oder gestresst sind, was um Sie herum vorgeht, usw. Typische Faktoren, die auf das Vergessen Einfluss haben, sind:

- **Physischer Zustand: Müdigkeit, Unwohlsein, Schmerz**
- **Bewusstsein: Aufmerksamkeit, Konzentration**
- **Emotionale Faktoren: Stress, Sorgen, Traurigkeit, Freude**

- **Umgebung:**
  Geräusche, Gerüche, Licht
- **Arbeit und Aufgaben:**
  leicht (langweilig) bis herausfordernd (komplex, schwierig)
- **Meta-Gedächtnis:**
  Ihr Wissen, wie gut oder schlecht Ihr Gedächtnis in Bezug auf bestimmte Dinge ist.

Entfernt erinnern

Das Vergessen in verschiedenen Stufen des Gedächtnisses hat ganz bestimmte Ursachen. Wir wissen zum Beispiel, dass Informationen verschwinden, wenn wir sie nicht in unserem Arbeitsgedächtnis auffrischen. Wenn Sie nach irgendeinem frühen Ereignis in der Schule gefragt werden, werden Sie sich zunächst schwer tun, weil Sie vermutlich lange Zeit nicht daran gedacht haben. Es liegt sehr tief verborgen in Ihrem Speicher. Wenn Sie aber über dieses Ereignis etwas lesen, werden nach und nach die Erinnerungen zurückkommen.

„Wer spielte die Hauptrolle in diesem alten Film?“ „Es liegt mir auf der Zunge.“

Der Einfluss von Alkohol

Alkohol beeinflusst uns auf vielfältige Weise. Er verändert unsere Fähigkeit, unsere Aufmerksamkeit zu teilen, er beeinflusst unser visuelles Empfinden, unsere Konzentrationsfähigkeit und unser Urteilsvermögen. Versuchen Sie eine der Testaufgaben von Schritt 3 jeweils vor und nach dem Genuss einiger Gläser Alkohol. Sie werden überrascht sein, wie sehr Ihr Gedächtnis darauf reagiert. Siehe auch Schritt 9.

ZUTRITT VERWEIGERT

Faktoren, die das Erfassen und Speichern beeinflussen

Sehen wir zunächst einmal, wie Informationen aufgenommen und wodurch das Abspeichern beeinflusst wird. Eines der größten Probleme ist das alltägliche Wirrwarr an Geräuschen, Bildern, Emotionen und allgemeinem Radau, die alle unablässig über die Sinnesorgane in das Arbeitsgedächtnis eindringen. Und dies alles rumort wild in Ihrem Gehirn. Sie denken vielleicht über etwas nach, was vor ein paar Minuten oder vor ein paar Tagen geschah. Es wird aus dem sensorischen Speicher in das Arbeitsgedächtnis hervorgeholt. Gleichzeitig sollen Sie Ihre Aufmerksamkeit auf das lenken, was Sie gerade im Augenblick machen.

Wir sind jeden Tag einer Flut von visuellen, akustischen, usw. Reizen ausgesetzt.

ÜBUNG: STÖRENDE REIZE BEWUSST MACHEN

Schreiben Sie eine Liste mit sieben Dingen, die Ihnen momentan durch den Kopf gehen, und mit Dingen, die Sie bewusst wahrnehmen. Ihre Liste könnte Folgendes enthalten:

1. das Geräusch des Flugzeugs über Ihnen
2. der Gedanke, was Sie alles zu tun haben
3. Klänge aus dem Fernseher,
4. der Computer meldet eingehende E-Mails
5. Stadtgeräusche wie Verkehrslärm oder Sirenen
6. Müdigkeit, weil Sie letzte Nacht wenig geschlafen haben
7. Hungergefühl und die dunkle Erinnerung, dass Sie jemanden zum Mittagessen treffen wollten

Unwichtige Informationen ausfiltern

Augen und Ohren werden ständig mit Informationen bombardiert. Ihr Speichersystem hilft jedoch zu differenzieren, was momentan für Ihr augenblickliches Ziel – etwa der Abschluss einer Arbeit – wichtig ist. Es scheint externe Informationen zu manipulieren oder zu filtern, damit Sie sich konzentrieren können, und verhindert, dass etwas offenbar Unwichtiges in das Gedächtnis eindringt. Andernfalls wäre das Gedächtnis schnell überfrachtet.

Wiederholung allein ist nicht die erfolgreichste Lernstrategie.

Wiederholung allein reicht nicht aus

Allgemein nimmt man an, dass man etwas nur oft genug wiederholen muss, um es im Langzeitgedächtnis zu speichern. Das Vergessen von Informationen führte man daher auf unzureichende Wiederholung zurück. Die frühen Forschungsergebnisse unterstützten diese These. Wenn man Probanden eine Liste mit Zahlen oder Wörtern wiederholen ließ, merkten sie sich diese besser. Diese Methode nannte man **Auswendiglernen**. Vielleicht haben Sie sich aber auch schon mal eine Telefonnummer trotz wiederholten Lesens oder Hörens nicht merken können. Offenbar reicht einfaches Wiederholen nicht aus oder ist zumindest nicht der optimale Weg.

Heute unterscheidet man zwischen **Auffrischen** durch Wiederholung, um Dinge im Arbeitsgedächtnis zu behalten, und **Aufnahme** vom Arbeitsgedächtnis in das Langzeitgedächtnis. Vermutlich vergisst man, weil man glaubt, mit dem Auswendiglernen genügend getan zu haben und keine anderen, zusätzlichen Strategien zu benötigen. Aber man braucht sie. Wenn Sie sich durch Lernen auf eine Prüfung vorbereiten, können Sie sicherlich mehr behalten, wenn Sie sich den Lerninhalt sich bildlich vorstellen oder – besser noch – verstehen können oder wenn Sie ihn in eine Geschichte einbetten („Eselsbrücke“).

Fehlende Assoziation

Im Langzeitgedächtnis werden wichtige Teilinformationen zusammengetragen und mit zugehörigen Bereichen verknüpft. Die meisten Informationen im Langzeitgedächtnis werden zwar automatisch eingeordnet, aber manchmal müssen wir selbst ganz bewusst einige Verknüpfungen herstellen. Wenn jemand sagt, er habe etwas vergessen, hat er es vielleicht nur teilweise abgespeichert oder nicht richtig eingeordnet. Die Information liegt dann in der Schublade „Verschiedenes“, und wenn sie nicht korrekt eingeordnet wird, verschwindet sie irgendwann.

FEHLENDES VERSTÄNDNIS

Um sich an eine Information zu erinnern, muss man sie verstehen und ihr eine bestimmte Bedeutung geben. Im Rahmen einer Studie wurden elfjährige Kinder gebeten, sich einen Text über Bumerangs zu merken. Eine Gruppe erinnerte sich an den Text besser als eine andere. Auf Nachfragen sagten viele der Besseren, sie hätten sich mit dem Text auseinandergesetzt und hinterfragt, wozu ein Bumerang diene, wie er aussähe und woher er stamme. Die Mitglieder der anderen Gruppe stellten keine solchen Fragen. Die Besseren bildeten also Assoziationen mit Bedeutung und konnten sich deshalb an die Informationen genauer erinnern. Sie verknüpften die neue Information mit der im Gedächtnis bereits vorhandenen.

ZUGRIFF VERWEIGERT

Faktoren, die den Zugriff beeinflussen

Wenn Sie auf Ihr Gedächtnis zugreifen, lassen Sie nicht einfach ein Videoband abspielen. Sie erleben vielmehr eine Erfahrung wieder. Was beeinflusst die Erinnerung? Alles, was während des früheren Abspeicherns der Information eine Rolle gespielt hat.

Tiefe und Breite der Verarbeitung

Nach allgemeiner Auffassung wird eine Information umso besser im Gedächtnis behalten, je detaillierter und besser sie aufgenommen und verarbeitet wurde. Die wirklich guten Schüler im vorigen Beispiel fragten nicht nur „Was ist ein Bumerang?“, sondern stellten ihn sich bildlich vor und gaben ihm eine inhaltliche Bedeutung. Hierdurch gewann die Information an Tiefe und Breite und wurde sehr gut zugänglich.

Als die Kinder Wochen später gefragt wurden, konnten sich einige gut erinnern – sie hatten die Informationen mit großer Tiefe und Breite gespeichert. Aber sie haben sich wahrscheinlich weniger gut erinnert als ursprünglich und brauchten gewisse Anstöße („Australien … Känguru …“). Auch im Langzeitgedächtnis verflüchtigen sich die Informationen mit der Zeit.

WIEDERERKENNEN UND ERINNERN

Manche Gedächtnisarten sind stabiler als andere. Das Wiedererkennen ist im Gegensatz zum Erinnern relativ zuverlässig. Wenn Sie ein altes Schulfoto betrachten, erkennen Sie vielleicht einige Gesichter wieder, können aber kaum Namen nennen. Erst wenn man Ihnen einen Vornamen sagt, fällt Ihnen der Nachname ein.

Interferenz

Ebenso wie das Speichern kann auch der Zugriff durch Interferenzen beeinflusst werden. Stellen Sie sich vor, Sie lesen eine Liste mit Wörtern und gleich anschließend eine zweite Liste. Wenn Sie sich später an die erste Liste erinnern sollen, werden Sie wohl auch Wörter aus der zweiten Liste nennen. Denn die beiden Listen haben sich in Ihrem Gedächtnis überlagert, und zwar umso mehr, je ähnlicher die Listeninhalte sind.

Inhalt und Stichwörter

Sehr wichtig für den Zugang zum Gedächtnis ist der Inhalt. Ihr Umfeld kann „Stichwörter" liefern, die in einem anderen Umfeld nicht gegeben sind. Viele Menschen kennen das: Wenn Sie jemanden sehen, den Sie kennen, aber in der momentanen Umgebung nicht erwarten, fällt Ihnen der Name der Person nicht ein. Es gibt auch Studien, die zeigen, dass Leute, die in einem Raum mit einem ganz bestimmten Geruch (z. B. nach Zitrone) etwas lernen sollen, sich später an das Erlernte besser erinnern, als wenn der Raum keinen besonderen Geruch hatte. Andere Studien belegen, dass Informationen, die in einem bestimmten Kontext aufgenommen wurden, am ehesten in genau diesem Kontext wieder zugänglich sind. Wenn Sie aus einem Raum gehen und gleich darauf etwas vergessen, erinnern Sie sich meistens wieder, wenn Sie in den Raum zurückgehen.

Es gibt auch interne Stichwörter. Stellen Sie sich vor, Sie haben sich mit jemandem unterhalten und tranken dabei Alkohol. Sie erinnern sich an das Gespräch, aber nicht an alle Details. Wenn Sie wieder mit derselben Person einen Schluck nehmen, erinnern Sie sich an mehr Details. Aber zuviel Alkohol schadet!

Würden Sie Ihren Zahnarzt erkennen, wenn Sie ihm im Supermarkt begegnen würden?

FRAUEN UND MÄNNER

Offensichtlich verarbeiten Frauen und Männer ihre Informationen unterschiedlich. Hierfür gibt es noch keine eindeutige Erklärung, aber mögliche Gründe:

1. Natürliche Unterschiede

Die Gehirne weisen einige grundsätzliche biologische Unterschiede auf. Es ist bekannt, dass der Balken (corpus callosum), der die beiden Hemisphären des Großhirns verbindet, bei Frauen etwas kräftiger ist als bei Männern. Dies lässt die Interpretation zu, dass die linke (rationale) und rechte (emotionale) Hirnhälfte bei Frauen etwas besser miteinander kommunizieren.

2. Frühe Konditionierung

Es spielt vermutlich auch eine Rolle, wie wir als Kinder erzogen wurden. Beispiel: Ganz offensichtlich neigen die Eltern dazu, ihre kleinen Kinder in Blau (Jungen) oder in Rosa (Mädchen) zu kleiden. Damit stellen sie unbewusst auch gewisse Weichen und engen die Persönlichkeitsentfaltung ein. Ebenso werden den Kindern „männliche“ oder „weibliche“ Verhaltensweisen anerzogen.

3. Natur und Erziehung

Dies ist eine Kombination obiger Punkte.

Worin sind Frauen besser?

Im Allgemeinen sind Frauen besser bei sprachlichen Aufgaben, sie lernen Sprachen schneller. Ihre emotionale Urteilsfähigkeit ist besser ausgeprägt, und sie sind kreativer.

Multi-Tasking

Frauen fällt es leichter als Männern, mehrere Dinge gleichzeitig zu tun, wahrscheinlich, weil die beiden Gehirnhälften besser verbunden sind.

Angenommen, Sie arbeiten in der Rezeption eines Hotels. Sie checken Gäste ein, gleichzeitig müssen Sie einen Telefonanruf annehmen und ein weiterer Gast will eine Nachricht hinterlassen. Untersuchungen zeigen, dass Frauen mit dieser Situation leichter zurechtkommen als Männer.

Autobiografisches Gedächtnis

Frauen scheinen sich an die Vergangenheit besser zu erinnern, vor allem an Emotionales.

Worin sind Männer besser?

Männer übertreffen die Frauen bei mathematisch orientierten Aufgaben, schneiden bei Figurentests besser ab und tun sich leichter, sich räumliche Dinge vorzustellen. Sie können sich technische Informationen besser und genauer merken.

Dies liegt vermutlich daran, dass zu einer bestimmten Zeit immer eine Hemisphäre des Großhirns dominant ist. Männer sind von Natur aus bei der Arbeit eher sequenziell orientiert.

DAS GEDÄCHTNIS WÄHREND DER SCHWANGERSCHAFT

Während einer Schwangerschaft scheint sich das Kurzzeitgedächtnis der Frauen zu ändern. Möglicherweise tragen hierzu eine schlechtere Konzentrationsfähigkeit (durch Beschäftigung mit der bevorstehenden Geburt, durch Krankheit oder Müdigkeit) sowie Änderungen im Hormonhaushalt bei.

Jüngste Studien belegen, dass solche Änderungen des Gedächtnisses höchstwahrscheinlich nur vorübergehender Natur sind. Viele Änderungen des Kurzzeitgedächtnisses hängen wohl mit den neuen Lebensumständen – Gewichtszunahme, Änderung der Figur, usw. – zusammen.

Eine weitere Erklärung mag der hohe Pegel an Oxytozin sein, eines Hormons, das dafür bekannt ist, dass es dem Gedächtnis zusetzt, und das im letzten Schwangerschaftsdrittel im Körper gebildet wird.

Ferner steigt der Anteil an freiem Cortisol, einem Hormon, im letzten Drittel um das Zwei- bis Vierfache an. Hiervon ist der Hippokampus betroffen, der für das Gedächtnis eine entscheidende Rolle spielt.

GEDÄCHTNISBLOCKADEN

Manchmal wird das Gedächtnis aus unterschiedlichen Gründen blockiert. Vielleicht ist eine Information zwar im Gedächtnis, aber der Zugriff wird verweigert. In anderen Fällen wurde schon das Abspeichern verhindert.

Verdrängte Erinnerungen

Manchmal können Erinnerungen derart emotional oder unangenehm sein, dass man sie kaum wecken kann. Einer psychoanalytischen Theorie nach, die unter anderem von Sigmund Freud (1856–1939) entwickelt wurde, ist ein Grund für fehlende Erinnerung, dass man nicht tatsächlich vergisst, sondern dass das Gedächtnis unterdrückt wird. Auf irgendeiner Ebene ist das Gedächtnis vorhanden, aber die Person unterdrückt es, weil das Zurückholen ins Bewusstsein zu schmerzhaft ist. Es gibt Fälle, in denen Therapeuten bei Patienten, die als Kind sexuell missbraucht wurden, die Gedächtnisblockade lösten.

Trauma

Es kommt vor, dass das Gedächtnis weder verloren noch unterdrückt ist, sondern dass es nur sehr schwer ist, die Erinnerung in Worte zu fassen. Untersuchungen mit Überlebenden traumatischer Ereignisse haben gezeigt, dass sich viele nicht bewusst an manche Geschehnisse erinnern können. Aber sie haben gewisse Erinnerungen, die nicht durch Worte, aber durch Schlüssel wie Geräusche oder Gerüche geweckt werden können. So kann der Klang einer Sirene bei Unfallopfern Angstgefühle auslösen oder sie erleben im Traum das Ereignis noch einmal. Dies wird allgemein als **posttraumatische Störung** bezeichnet. In solchen Fällen versucht man, den Patienten über den Unfall sprechen zu lassen, um die Angst abzubauen.

Entspannen, lächeln, erinnern

Stress

Stress spielt beim Vergessen eine wichtige Rolle. Denn gestresste Menschen können Informationen schwerer aufnehmen, weil ihr Arbeitsgedächtnis mit allen möglichen negativen Gedanken beschäftigt ist. Dies kostet wertvolle Verarbeitungskapazität. Eine gewisse Portion (positiver) Stress ist für die Motivation wichtig. Aber zu viel davon lässt das Arbeitsgedächtnis überfluten und das Gedächtnissystem wird paralysiert.

Depression

Depressionen sind ein weiterer Grund für Gedächtnisprobleme, sowohl bei der Aufnahme als auch bei der Erinnerung. Schon relativ leichte Depressionen können die Psyche negativ beeinflussen. Wenn zum Beispiel jemand frustriert, besorgt oder traurig ist, kann dies seine Konzentrationsfähigkeit deutlich einschränken. Depressionen können auch chemische Veränderungen im Gehirn auslösen, die sich auf Stimmung und Gedächtnis auswirken.

Medikamente

Einige Medikamente können als Nebenwirkung Gedächtnisprobleme auslösen, zum Beispiel Schlaftabletten. Auch die kombinierte Einnahme mehrerer Arzneimittel kann sich auf die Gedächtnisleistung auswirken.

ALTER UND GEDÄCHTNIS

Das Gedächtnis ändert sich mit dem Alter, vor allem weil sich das Gehirn weiterentwickelt. Erstaunlicherweise baut der Teil des Gehirns, der Frontallappen, der sich als Letzter voll entwickelt, als Erster im Alter wieder ab.

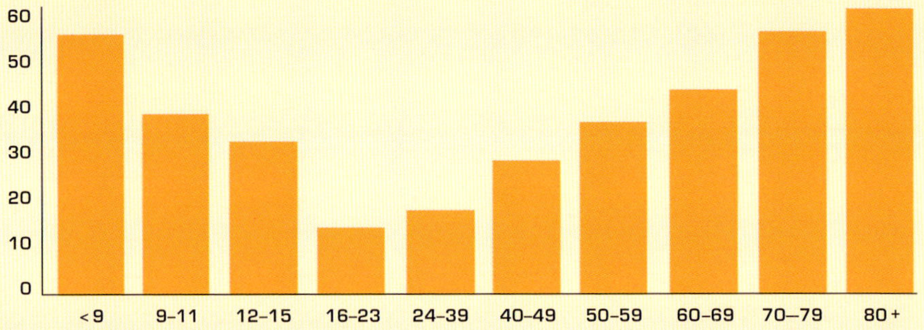

Dieses Balkendiagramm zeigt den typischen, altersabhängigen Verlauf der Fehlerhäufigkeit bei Gedächtnistests. Bei kleinen Kindern ist die Fehlerrate ähnlich hoch wie bei älteren Menschen. Im Alter zwischen 16 und 23 Jahren ist unser Gedächtnis am besten.

Gedächtnisschwund in der Kindheit

Erinnerungen an die frühe Kindheit sind selten. Die Temporallappen entwickeln sich als Erste und sind für die Erkennung von Mustern (z. B. Gesichter) zuständig. Die Frontallappen – und damit das Arbeitsgedächtnis – entwickeln sich zuletzt.

Ferner entwickeln wir die volle Sprachfähigkeit erst nach dem zweiten Lebensjahr – und Sprache ist wohl ein entscheidender Faktor für das Gedächtnis. Das Gedächtnis ist vielleicht vorhanden, aber das Kind ist noch nicht in der Lage, darauf zuzugreifen. Ausnahmen sind vielleicht bedeutsame Ereignisse.

Der Einfluss zunehmenden Alters

Die meisten Menschen merken, dass sich ihr Gedächtnis mit zunehmendem Alter ändert. Es ist ganz natürlich, wenn Körper und Geist zurückstecken, was insbesondere auch das Kurzzeitgedächtnis betrifft. Zunächst werden das Arbeitsgedächtnis und das Erinnerungsvermögen schlechter, weil der Frontallappen der erste Gehirnbereich ist, der abbaut.

Auch die Physis spielt eine Rolle. Hörfähigkeit und Sehschärfe können die Gedächtnisfunktion beeinflussen, weil sie Barrieren bei der effizienten Aufnahme von Informationen darstellen. Mit zunehmendem Alter wird auch unsere Fähigkeit, Lernstrategien zu entwickeln, reduziert. Allerdings können ältere Leute bei geeigneter Unterweisung solche Strategien sehr gut einsetzen.

IMAGINÄRE FREUNDE

Viele Kinder haben imaginäre Freunde. Einer Theorie nach lernen sie so, mit ihrem Gedächtnis umzugehen. Das Gedächtnis ist eine Sammlung von Geschichten über uns. Mit zunehmendem Alter verstehen wir deren Sinn. Sie geben uns eine persönliche Vergangenheit, sie helfen uns, Dinge zu verstehen, und sie sind für unseren Alltag wichtig. Kinder verstehen das noch nicht. Sie haben sogar Schwierigkeiten, zwischen Realität und Vorstellung zu unterscheiden. Waren Sie schon einmal unsicher, ob Sie etwas geträumt oder real erlebt haben? Kindern passiert dies wahrscheinlich regelmäßig.

Nutzen oder verlieren

Es gibt eine Theorie, die besagt: Wenn Sie im Ruhestand Ihr Gehirn trainieren, Puzzles oder Kreuzworträtsel lösen, Hobbies haben usw., verhindern Sie, dass Ihr Gedächtnis zu sehr nachlässt. Dies ist die Nutzen-oder-Verlieren-Theorie.

SELBSTERKENNTNIS: WAS SIND IHRE STÄRKEN UND SCHWÄCHEN?

Haben Sie sich organisiert? Beeinträchtigt Ihr Lebensstil Ihre optimale Leistung? Können Sie sich besser an Visuelles oder an Verbales erinnern? Können Sie sich Tatsachen gut merken? In den folgenden zwei Schritten werden Sie in einer Anzahl Übungen sich selbst und Ihr Gedächtnis besser kennenlernen. Um zu wissen, wie Sie Ihr Gedächtnis verbessern können, müssen Sie zuerst sich selbst begutachten – Ihre Lebenseinstellung, Ihre Motivation und Ihre Ziele. Erst wenn Sie ein klares Bild von sich selbst haben, werden Sie in der Lage sein, sich in die gewünschte Richtung weiterzuentwickeln.

WICHTIGE FAKTEN ÜBER DAS GEDÄCHTNIS

Das Gedächtnis ist abhängig von
- Geschlecht
- Alter

Einflussfaktoren
- schlechte Konzentration
- Stress
- schlechter Gemütszustand

Das Gedächtnis
- arbeitet
- ist komplex

Die drei Grundprozesse des Gedächtnisses
- aufnehmen
- speichern
- wiedergeben

Untertypen des Gedächtnisses
- semantisches Gedächtnis
- episodisches Gedächtnis

Ihr Alltagsgedächtnis

Zweifellos haben Sie schon einmal Gedächtnisprobleme gehabt, die Sie glauben ließen, Sie seien bei bestimmten Informationen besonders schlecht. Vielleicht kennen Sie auch besondere Situationen, in denen Ihr Gedächtnis schwächer ist. Niemand hat ein perfektes Gedächtnis und die meisten Leute haben kein besseres als Sie.

Sie wissen bereits, dass wir alle unterschiedliche Stärken und Schwächen haben und dass bestimmte Faktoren unsere Gedächtnisleistung beeinflussen – Müdigkeit, Stress, Konzentration, Alkohol, Medikamente. Und natürlich ist auch das Alter von Bedeutung.

Unsere Gedächtnisleistung ist auch natürlichen Schwankungen unterlegen, sogar von Woche zu Woche, je nach dem, was sich in unserem Leben abspielt. An manchen Tagen spüren Sie, dass Sie sich besser und genauer erinnern können als an anderen Tagen. Manchmal fallen Ihnen komplexe Aufgaben und Erinnerungen wesentlich schwerer. Einen ähnlichen Effekt haben die natürlichen Schwankungen im Hormonhaushalt.

Vergleichen Sie sich nicht mit anderen.

Das Gedächtnis anderer Leute

Sich mit anderen zu vergleichen, ist selten hilfreich. Wenn Sie glauben, dass jemand ein viel besseres Gedächtnis hätte als Sie, dann sehen Sie oftmals lediglich nur eine starke Seite von ihm, während Sie vielleicht auf genau diesem Gebiet schwächer sind. Wenn Sie im Geschäftsleben beeindruckt sind, wie gut Ihr Chef sich an alle Namen seiner Kunden zu erinnern scheint, dann ist es mehr als wahrscheinlich, dass er hierfür eine entsprechende Gedächtnisstrategie anwendet. Auch wenn mit Ihrem Gedächtnis alles in Ordnung ist, gibt es doch immer noch Methoden, um dessen Leistung zu verbessern.

WAS DAS GEDÄCHTNIS BEEINFLUSST

Zuversicht

Sehr häufig sorgen wir selbst dafür, dass unsere Prophezeihungen in Erfüllung gehen: Wir erreichen nur das, was wir uns zutrauen. Viele Menschen erscheinen intelligenter und merkfähiger, nur weil sie fester an sich glauben.

Zum Beispiel herrscht die Vorstellung, dass Universitätsstudenten supergescheit sein müssten. Das kann natürlich der Fall sein, aber in vielen Fällen erzielen Studenten gute Prüfungsergebnisse und besuchen die Universität, weil sie gelernt haben, an sich zu glauben. Von Kindheit an hat man ihnen gesagt, sie seien gut und clever. Solche Leute hatten häufig das Glück, in gute Schulen mit exzellenten Lehrern zu gehen, die ihnen das notwendige Selbstvertrauen beigebracht haben.

Andere hatten vielleicht weniger Glück – sie besuchten Schulen, in denen herausragende Leistungen als „uncool" betrachtet wurden. Sie wuchsen in einem ungünstigen sozialen Umfeld auf, hatten wenig Gelegenheit zur Weiterbildung und dachten nicht einmal an einen Universitätsbesuch. Lernen Sie daher, an sich selbst zu glauben. Schreiben Sie eine Liste mit Ihren Fähigkeiten und Sie werden überrascht sein, wie lang die Liste ist.

Stress

Stress beeinflusst die Gedächtnisfunktionen ganz wesentlich. Ihm kommt eine Schlüsselrolle beim schlechten Gedächtnis zu. Stress lässt unser Gehirn „einfrieren". Versuchen Sie sich zu entspannen und lassen Sie sich vom Erfolg überraschen.

Glauben Sie an sich selbst und reduzieren Sie Stress – so unterstützen Sie Ihr Gedächtnis nachhaltig.

Krankheit

Krankheit – allein schon das Gefühl, nicht gut drauf zu sein – ist dem Gedächtnis sehr abträglich. Ernsthaftere Krankheiten des Gehirns (z. B. Schizophrenie, Parkinson, Alzheimer, Wasserkopf und andere) sowie Gehirnschäden wirken sich auf die chemische und physische Beschaffenheit des Gehirns aus und beeinträchtigen Gedächtnis und Konzentrationsfähigkeit.

In solchen Fällen sollte man medizinischen Rat einholen, die Gedächtnisfunktionen von Spezialisten untersuchen lassen und sich entsprechenden Rehabilitationen unterziehen, um die betroffenen Gehirnbereiche zu verbessern. Zusätzlich kann man sich selbst helfen, indem man ein größeres Verständnis der eigenen Stärken und Schwächen entwickelt. Dann lernt man auch Strategien, wie man mit seinen Schwächen besser fertigwird.

Seien Sie eine Schildkröte und kein Hase.

Temperament und Persönlichkeit

Wir alle sind unterschiedliche Persönlichkeiten. Es gibt viele Typen. Ein Extrem ist der schnell denkende Extrovertierte. Schnelles Denken kann nützlich sein. Ein solcher Typ kann aber vielleicht nicht gut zuhören, macht Fehler, spricht voreilig und konzentriert sich schlecht. Er neigt zu ungesundem Leben, organisiert sich schlecht und will zu viel zur selben Zeit machen.

Im Gegensatz dazu steht der introvertierte Typ, der langsamer und ruhiger erscheint – der stille Arbeiter. Dennoch können solche Leute oft besser zuhören, sich besser konzentrieren und sich methodischer organisieren.

TEST 1: WIE SIE DAS LEBEN ANPACKEN

Wählen Sie die für Sie zutreffendste Antwort:

Wie organisieren Sie sich Ihrer Meinung nach?

1 überhaupt nicht
2 einigermaßen
3 sehr gut

Sie sitzen in einer Besprechung. Welche Aussage passt zu Ihnen?

1 Meine Gedanken schweifen ab. Ich denke an andere Dinge.
2 Ich nehme nur die interessanten Themen in mich auf.
3 Ich kann mich ohne Probleme die ganze Zeit voll konzentrieren.

Wie oft verlegen Sie Ihre Schlüssel?

1 häufig
2 manchmal
3 nie

Führen Sie einen Terminkalender?

1 Nein
2 Ich versuche es, habe aber Probleme, ihn aktuell zu halten.
3 Ja

Haben Sie öfter als einmal pro Woche einen „Durchhänger"?

1 häufig
2 manchmal
3 nie

Glauben Sie, dass Sie ständig zu viel zu tun haben?

1 Ja, ich habe die Dinge nicht allzu gut im Griff.
2 Ich muss manchmal lange arbeiten, um die Arbeit zu schaffen.
3 Nein, ich habe alles recht gut im Griff.

Haben Sie Schwierigkeiten, sich Passwörter oder PINs zu merken?

1 Ja, solche Dinge kann ich mir kaum merken.
2 Manchmal kann ich mich schwer erinnern.
3 Nein, ich verwende mir vertraute, gut merkbare Begriffe.

Betreten Sie manchmal einen Raum und wissen nicht mehr, warum?

1 häufig
2 manchmal
3 nie

Essen Sie viel frisches Gemüse und Obst?

1 Nein
2 Ich versuche es.
3 Ja

Denken Sie daran, Geburtstagskarten zu verschicken?

1 Nein, ich notiere diese Daten nicht und weiß daher nicht, wann ich Karten verschicken sollte.
2 Nur an nahestehende Personen
3 Ja, ich führe einen Geburtstagskalender.

Lassen Sie sich leicht ablenken?

1 Ja, ich kann mich schwer längere Zeit auf etwas konzentrieren.
2 manchmal
3 nie

Können Sie ohne Schwierigkeiten neue Informationen aufnehmen?

1 Nein
2 Wenn ich aufmerksam zuhöre.
3 Ja

Halten Sie Ihren Geist aktiv?

1 nicht wirklich
2 Ich versuche es.
3 Ja

Malen Sie Männchen?

1 häufig
2 manchmal
3 nie

Halten Sie den Papierkram (Ausgaben usw.) in Ihrem Haushalt in Ordnung?

1 Nein
2 einigermaßen
3 Ja, immer sofort, wenn etwas anfällt.

Wie oft machen Sie Gymnastik?

1 Nie, ich hasse Gymnastik.
2 manchmal
3 mindestens zweimal pro Woche

Verlieren Sie Dinge?

1 häufig
2 manchmal
3 nie

Wenn Ihnen jemand vorgestellt wird, können Sie sich den Namen merken?

1 kaum jemals
2 manchmal, vor allem wichtige Namen
3 immer

Träumen Sie tagsüber?

1 häufig
2 manchmal
3 fast nie

Fühlen Sie sich gestresst?

1 häufig
2 manchmal
3 fast nie

Bewertung
Addieren Sie die Nummern Ihrer Antworten. Hier ist Ihre Selbsteinschätzung:

20 bis 30 Punkte

Ihr Gedächtnis ist nicht optimal.

Wahrscheinlich konzentrieren Sie sich schlecht und merken vielleicht selbst, dass Sie kein sehr gutes Gedächtnis haben. Sie scheinen wenig organisiert vorzugehen und verwenden keine Gedächtnisstrategien. Ihre Lebensweise ist wohl nicht sonderlich gesund.

Für diese Persönlichkeitstypen gibt es viele Möglichkeiten, das Gedächtnis im Alltag zu verbessern, indem die Konzentrationsfähigkeit erhöht und Gedächtnisstrategien angewandt werden. Konzentration ist für die Aufnahme und Speicherung von Informationen wichtig.

Gedächtnisstrategien verbessern die Merkfähigkeit. Darüber hinaus hilft auch eine gesündere Lebensweise.

31 bis 45 Punkte

Ihr Gedächtnis ist durchschnittlich.

Sie managen und organisieren sich schon recht gut. Aber Sie könnten es noch besser machen und eine noch höhere Gedächtnisleistung erreichen. Sie bemühen sich um eine gesunde Lebensweise, sind jedoch nicht immer erfolgreich – Sie fühlen sich etwas überfordert.

Mit noch mehr Disziplin und mit dem Lernen und Anwenden von Gedächtnisstrategien werden Sie Ihr Gedächtnis und Ihre Konzentrationsfähigkeit noch wesentlich verbessern können.

46 bis 60 Punkte

Sie sind gut!

Sie haben offensichtlich schon ein gutes Gedächtnis und setzen Gedächtnisstrategien erfolgreich ein. Ferner bemühen Sie sich um eine gesunde Lebensweise und leiden wenig unter Stress.

Dennoch gibt es immer etwas zu verbessern. Wenn Sie mehr über Ihr Gehirn und seine Arbeitsweise lernen und wissen, können Sie noch mehr aus Ihrem Gedächtnis herausholen.

MOTIVATION UND ZIELE

Auf die Frage, was Menschen glücklich mache, soll Sigmund Freud geantwortet haben: „Arbeit und Liebe." Dies klingt gut und lässt sich auch begründen. Es scheint, dass Arbeit – auch wenn wir oft lieber keine hätten – für viele Menschen einen wichtigen Lebensinhalt liefert. Arbeit, Liebe und Spiel tragen dazu bei, unsere menschlichen Grundbedürfnisse zu decken.

Bedürfnisse und Ziele

Eine Theorie über Bedürfnisse, Ziele und Motivation stammt von dem amerikanischen Psychologen Abraham Maslow (1908–70). Er untersuchte zusammen mit Kollegen, was Menschen anstreben – und warum. Er glaubte, dass das wesentliche Ziel menschlichen Handelns die Selbstverwirklichung sei – die Realisierung und Umsetzung der eigenen Träume und Fähigkeiten. Maslow beschrieb fünf hierarchische Ebenen an Bedürfnissen, die man zu befriedigen suche.

Die nachfolgende Tabelle zeigt die fünf Bedürfnisebenen und ihre Bedeutung für die Menschen.

1. **Physiologische Bedürfnisse**	Grundbedürfnisse wie Nahrung, Unterkunft
2. **Sicherheitsbedürfnisse**	Schutz vor Gefahren der Umgebung
3. **Soziale Bedürfnisse**	Zusammengehörigkeit, Liebe
4. **Bedürfnis nach Anerkennung**	Kompetenz, Respekt, Selbstachtung
5. **Selbstverwirklichung**	Kreativität, Neugier, Weltoffenheit

Überlegen Sie, was Sie glücklich macht.

BEISPIEL

Kathrin ist eine 28 Jahre alte Softwareentwicklerin mit Universitätsabschluss und guten Zukunftsaussichten. Ihr generelles Lebensziel ist, glücklich zu sein und ein erfülltes Leben zu führen, in dem sich ihre Arbeit und ihre privaten Beziehungen sowie Spiel und Verantwortung die Waage halten. Hieraus entwickelt sie drei „Unterziele“:

Ziel 1

Ein guter Arbeitsplatz, der ihren Lebensunterhalt sichert

- Bedürfnisse: Eine Wohnung, ein Auto, gutes Essen
- Lösung: Sie arbeitet intensiv und bemüht sich um Erfolg.

Ziel 2

Ein aktives Sozialleben

- Bedürfnisse: Freunde treffen, einen Partner finden, entspannen
- Lösung: Sie geht regelmäßig abends aus und unternimmt mit ihren Freunden Dinge, die ihnen Spaß machen.

Ziel 3

Freiwillig in einer Umweltorganisation, die gegen die Meeresverschmutzung kämpft, arbeiten

- Bedürfnisse: Sich sicher fühlen, wenn sie im Meer schwimmt, und verhindern, dass Korallenriffe und Schildkröten der Verschmutzung zum Opfer fallen.
- Lösung: Sie erstellt eine Internet-Seite für die Umweltorganisation.

Persönliche Ziele setzen

Im vorigen Beispiel mag Kathrin an einem Punkt angelangt sein, an dem sie ihr Leben gut ausbalanciert sieht. Die Menschen setzen sich indirekte – und gelegentlich auch direkte – Ziele. Manche Studenten sagen vielleicht, sie hätten keine Pläne für die Zukunft. Andere wie Kathrin haben welche. Ziele sind wichtig, um zu wissen, was man will und wie man es erreichen möchte.

BEISPIEL

Kathrin brauchte genauere Ziele, insbesondere bezüglich ihres Gedächtnisses. Sie wollte sich besser an Namen erinnern und besser ihre Wege planen. Denn sie konnte sich nicht gut orientieren und kam oft zu spät zu Verabredungen. Sie befürchtete auch, für unzuverlässig gehalten zu werden, weil sie nicht pünktlich mit ihrer Arbeit fertig wurde, und sorgte sich deshalb um ihre Karriere.

Zur Verbesserung unternahm sie diese einfachen Schritte:

- Sie führte ein Tagebuch und analysierte ihre Schwächen
- Sie setzte sich genaue Ziele zur Beobachtung ihrer Schwachpunkte.
- Sie setzte sich einen Zeitrahmen für ihre Ziele.

Sie ging auch folgenden Fragen nach:

- Welche Fähigkeiten muss ich zur Erreichung der Ziele ausbauen?
- Wo kann ich meine Ziele erreichen?
- Was brauche ich zum Erreichen meiner Ziele?

Für ihre Ziele musste sie definitiv wissen, in welchem Zeitrahmen sie welche Fähigkeiten zu erlernen hat (und diese auch tatsächlich erlernen) und welche Hilfsmittel sie dazu brauchte. Sie entwickelte Strategien, um sich Namen besser zu merken und um ihre Orientierung zu verbessern. Und sie setzte ihre Strategien um.

Überlegen	genaue Ziele	Zeitrahmen	in die Tat umsetzen

Setzen Sie sich eigene Ziele

Überlegen Sie zuerst, warum Sie Ihr Gedächtnis verbessern wollen. Sie könnten einfach sagen: „Weil ich ein besseres Gedächtnis will." Aber ist das alles? Und: Wie wissen Sie dann, ob es besser geworden ist?

Sie sollten unbedingt wissen,

- **worauf Sie hinarbeiten.**
- **warum Sie Ihr Ziel anstreben.**
- **ob Sie Ihre Ziele erreicht haben.**

ÜBUNG: FÜHREN SIE EIN TAGEBUCH

Beginnen Sie mit dem Führen eines Tagebuchs über Ihr Gedächtnis und Ihre Lebensweise und notieren Sie Folgendes:

- welche Dinge Sie regelmäßig vergessen
- wie oft Sie unkonzentriert sind oder nicht zuhören
- welche typischen Ereignisse Ihnen Stress bereiten
- wie viel Alkohol Sie täglich trinken
- wann Sie abends zu Bett gehen
- wie oft Sie Ihr Tagesziel erreichen

Legen Sie eine Übersichtstabelle an

Eine solche Tabelle hilft Ihnen, die Übersicht über Ihre Ziele und Ihre Erfolge zu behalten. Hier ist ein Beispiel:

Ziel	Methode	01. Mai	01. Juni	01. Juli
Namen merken	Strategien anwenden	wird besser	wird besser	
Termine einhalten	besser organisieren, planen	wird besser	viel besser	
Schlüssel nicht verlieren	immer am selben Ort ablegen	Erreicht!		

IHR PERSÖNLICHES GEDÄCHTNISPROFIL

Im Schritt 4 werden Sie mehr über Ihr eigenes Gedächtnisprofil lernen, indem Sie verschiedene Übungen durchführen und die Ergebnisse aufzeichnen. So werden Sie Ihre persönlichen Stärken und Schwächen besser verstehen. Am Ende dieses Abschnitts werden Sie eine Tabelle mit Ihrem Stärken-Schwächen-Profil erstellen. Im restlichen Teil des Buchs wird Ihnen dann gezeigt, wie Sie Ihr Gedächtnis verbessern können. Wenn Sie sich Ihrer Schwächen bewusst sind, werden Sie die für Sie geeignetsten Methoden und Strategien finden.

Zu untersuchende Bereiche

Auf der vorigen Übung aufbauend wird Ihnen eine Reihe von Aufgaben präsentiert, um Ihre Veranlagung in folgenden Bereichen des Gedächtnisses zu untersuchen:

- Kurzzeitgedächtnis
- Langzeitgedächtnis
- verbales Gedächtnis
- visuelles Gedächtnis
- Gedächtnis für Tatsachen
- Gedächtnis Ihrer Lebensgeschichte
- Gedächtnis für die Zukunft

Was sind Ihre Schwächen?

TEST 2: KURZZEITGEDÄCHTNIS

Teil 1: Ihr Zahlengedächtnis

Bitten Sie einen Freund, die nachfolgenden Zahlenkolonnen vorzulesen, beginnend mit der kurzen, die aus zwei Zahlen besteht. Wiederholen Sie die Zahlenkolonnen – ohne hinzusehen –, soweit Sie sich erinnern können.

45	12										
6	10	34									
17	99	83	5								
3	68	24	37	12							
19	21	67	82	15	16						
78	55	87	90	23	45	79					
54	7	2	18	48	81	96	33				
11	52	3	89	44	67	28	1	92			
77	46	38	16	8	10	24	26	31	66		
92	6	4	71	85	56	78	94	30	40	13	
67	14	49	46	59	83	12	9	37	93	20	26

Bewertung

Wie viele Zahlen in einer Reihe konnten Sie sich merken?

Weniger als 5: schwach

5 bis 9: mittelmäßig

über 9: gut

Teil 2: Ihr verbales Gedächtnis
Prägen Sie sich die Liste mit Wörtern ein. Sie haben eine Minute Zeit. Legen Sie Bleistift und Papier bereit.

Puppe	Zug	Jacke	Teppich
Auto	Fußball	Stuhl	Hose
Tisch	Motorrad	Puzzle	Sofa
Hut	Murmeln	Hubschrauber	Socken

Schreiben Sie jetzt – natürlich ohne in der Tabelle nachzusehen – so viele Wörter wie möglich aus der Erinnerung auf.

Bewertung
Wie viele Wörter haben Sie sich gemerkt?
Weniger als 5: schlecht
5 bis 9 Punkte: mittelmäßig
über 9 Punkte: gut

ZUSAMMENFASSUNG

Vermutlich haben Sie sich wieder zwischen fünf und neun Dinge gemerkt. Haben Sie irgendein Muster in den Wörtern erkannt? Wenn nicht, schauen Sie noch ein Mal nach. Dann erkennen Sie, dass die Wörter sich in vier Gruppen einteilen lassen: Spielzeug, Transportmittel, Möbel, Kleidung. Sie können sich sehr leicht mehr merken, wenn Sie Gruppen bilden, weil das Gedächtnis entlastet wird.

Teil 3: Ihr visuelles und räumliches Gedächtnis

Betrachten Sie eine Minute lang die folgende Straßenszene. Dann blättern Sie um und lesen Sie die Fragen auf der nächsten Seite. Schreiben Sie Ihre Antworten auf ein Blatt Papier.

Ist Ihr visuelles Gedächtnis besser als Ihr verbales?

1 Wie viele Menschen stehen in der Schlange an der Bushaltestelle?
2 Was hat der Herr mit der Fliege bei sich?
3 Welche Farbe hat der Sportwagen?
4 Wofür wirbt das Werbeplakat am Bus?
5 Was wird im dritten Laden von links verkauft?
6 Warum stoppt der Fahrzeugverkehr?
7 Was hält in der Schlange die letzte Person in Händen?
8 Wie viele Geschäfte gibt es?
9 Was steht unmittelbar hinter dem Bus?
10 Wie ist das Wetter?
11 Was wird im rechten Laden verkauft?

Bewertung
Wie viele richtige Antworten haben Sie?
Weniger als 5: schlecht
6 bis 9: mittelmäßig
10 bis 11: gut

Antworten
1 sechs; 2 Regenschirm; 3 Blau; 4 Zirkus; 5 Werkzeug; 6 Leute warten am Fußgängerüberweg; 7 Zeitung; 8 vier; 9 Radfahrer; 10 sonnig; 11 Kuchen

LERNEN DURCH WIEDERHOLEN

Prüfen Sie, inwieweit Sie Ihr Gedächtnis durch Lernen verbessern können. Wiederholen Sie die Aufgabe und vergleichen Sie das Ergebnis mit dem ersten Versuch. Wenn Sie den Test ein drittes Mal durchführen, werden Sie sich vermutlich weiter verbessern.

Teil 4: An Geschichten erinnern
Lesen Sie den folgenden Absatz genau durch und halten Sie Bleistift und Papier für später bereit.

Michael Robinson war auf dem Weg zum örtlichen Laden, um eine Zeitung, eine Schachtel Eier und etwas Marmelade für sein Frühstück einzukaufen. Als er auf dem Fußweg nach Hause ging, sah er eine Frau über einen Pflasterstein stolpern und zu Boden fallen, wobei sie sich den Kopf anstieß. Er rannte hinüber, um zu helfen, und sah, dass sie aus dem Kopf blutete. Er rannte zum nächsten Haus, klopfte an die Tür, erzählte der Frau, was passiert war, und bat sie, telefonisch Hilfe zu holen. Nach 15 Minuten kam ein Rettungsfahrzeug und brachte die verletzte Frau ins Krankenhaus.

Schreiben Sie jetzt die Geschichte möglichst wortgetreu aus der Erinnerung auf.

Bewertung
An wie viele Einzelheiten (maximal 27) konnten Sie sich erinnern?
Weniger als 15: schlecht
16–25: mittelmäßig
über 25: gut

ZUSAMMENFASSUNG

Die meisten Menschen merken sich das Wesentliche und einige Details. Aber es ist sehr schwer, eine solche Geschichte Wort für Wort zu behalten. Das muss auch nicht sein. Wenn wir Bücher und Zeitungen lesen, erinnern sich die meisten von uns an den Inhalt, aber nicht an den Wortlaut. Die Wörter sind zwar wichtig, aber unsere Gedächtniskapazität ist begrenzt. Daher bilden die Wörter eine Art Leitfaden für die Geschichte. Die Botschaft der Wörter ist wichtig, aber nicht das einzelne Wort als solches.

Teil 5: Wiedererkennen

Alle bisherigen Aufgaben beschäftigten sich mit dem Erinnern an Informationen. Jetzt wenden wir uns dem Wiedererkennen zu. Betrachten Sie die folgenden Wörter und schreiben Sie auf, welche schon in der Liste von Teil 2 vorhanden waren. Aber bitte auswendig, in Teil 2 nicht mehr nachschauen!

Puppe	Fußball	Mülleimer	Eisen
Auto	Hut	Moped	Zug
Motorrad	Haus	Jacke	Hubschrauber
Teppich	Sofa	Puzzle	Fenster

Bewertung:

Vergleichen Sie die beiden Tabellen: 11 Wörter haben Sie schon in der Tabelle von Teil 2 gesehen. Wie viele haben Sie wiedererkannt?

Weniger als 9: schlecht
9: mittelmäßig
10–11: gut

ZUSAMMENFASSUNG

Die meisten von uns können Wörter sehr gut wiedererkennen. Es ist eine natürliche Gedächtnisreaktion. Die Wörter sind alle vorhanden, und man muss nur unterscheiden, welche man schon gesehen hat und welche nicht. Es ist weniger anstrengend als Erinnern. Eine Besonderheit unseres Gedächtnisses ist, dass wir verschiedene Dinge umso leichter wiedererkennen, je mehr sie sich voneinander unterscheiden, während das Erinnern leichter fällt, wenn die Dinge irgendwelche Gemeinsamkeiten haben.

Teil 6: Ihre visuelle Wiedererkennung

Betrachten Sie die folgenden Personen. Welche haben Sie vorher schon gesehen? Schreiben Sie die Nummern der Personen auf, die Sie Ihrer Meinung nach schon gesehen haben. Sie werden vielleicht überrascht sein, dass es mehr sind, als Sie wiederzuerkennen glaubten.

Antworten

Nummer 2, 4, 5, 9, 10, 12

Kennen Sie das „Schon-mal-gesehen"-Gefühl?

TEST 3: LANGZEITGEDÄCHTNIS

Teil 1: Episodisches Gedächtnis

Hier gibt es mehrere Kategorien: Versuchen Sie, die Fragen zu beantworten:

1 Was haben Sie heute Morgen gefrühstückt?
2 Was haben Sie letztes Wochenende gemacht?
3 Was haben Sie letzten Mittwoch gemacht?
4 Falls Sie verheiratet sind: Wo haben Sie geheiratet?
5 Wo haben Sie Silvester 1999/2000 gefeiert?
6 Welchen Film haben Sie zuletzt gesehen?
7 Wo waren Sie, als Prinzessin Diana starb?
8 Was haben Sie an Ihrem letzten Geburtstag gemacht?
9 Was haben Sie zuletzt im Fernsehen angeschaut?
10 Wie hieß das letzte von Ihnen gelesene Buch?

Bewertung

Wie viele Fragen konnten Sie beantworten?

Weniger als 7: schlecht
7: mittelmäßig
über 7: gut

ZUSAMMENFASSUNG

Man kann sich leichter an frühere Ereignisse erinnern, wenn sie wichtig oder persönlich bedeutsam waren.

Wir müssen uns nicht an jeden Augenblick in unserem Leben erinnern und was wir nicht wissen müssen, das vergessen wir ganz natürlich.

Teil 2: Semantisches Gedächtnis

Dies ist unser Gedächtnis für Tatsachen. Beantworten Sie diese Fragen:

1 Wie heißt die Hauptstadt Italiens?
2 Wer schrieb „Ein Sommernachtstraum“?
3 In welcher Himmelsrichtung geht die Sonne unter?
4 Bei welcher Temperatur kocht Wasser?
5 Welcher Planet kommt an 5. Stelle von der Sonne aus gerechnet?
6 In welchem Jahr wurde Nelson Mandela befreit?
7 In welchem Jahr ereignete sich die Oktoberrevolution in Russland?
8 Wie viele Spieler hat eine Fußballmannschaft?
9 Auf welchem Kontinent liegt Guyana?
10 In welchem Teil des menschlichen Körpers befindet sich die Hornhaut?
11 Wer hat als erster Mensch den Nordpol erreicht?
12 Wer schrieb „Die Blechtrommel“?
13 Welche großen Ozeane grenzen an Südamerika?
14 Wie heißt die Hauptstadt von Belgien?
15 Welches Meer liegt zwischen Schottland und Norwegen?
16 Wann fand der Erste Weltkrieg statt?
17 Welcher US-Präsident war in den Watergate-Skandal verwickelt?
18 Wohin wurde Napoleon Bonaparte verbannt?
19 Welches sind die sieben Regenbogenfarben?
20 Wer spielte die Hauptrolle in „Manche mögen’s heiß“?

Bewertung

Wie viele Fragen haben Sie richtig beantwortet?
Die Lösungen finden Sie auf Seite 63.

Weniger als 10: schlecht
11–15: mittelmäßig
16–20: gut

ZUSAMMENFASSUNG

Das semantische Wissen hängt von vielen Faktoren ab, unter anderem von der Herkunft, vom Alter und von den Interessen.

TEST 4: GEDÄCHTNIS FÜR DIE ZUKUNFT

Die meisten von uns sind sehr beschäftigt. Wie oft vergessen Sie,

ob Sie eine Rechnung bezahlt haben oder nicht?

1 oft
2 manchmal
3 nie

zu welcher Uhrzeit Sie verabredet sind?

1 oft
2 manchmal
3 nie

eine Fernsehsendung aufzuzeichnen, weil Sie diese sonst versäumen würden?

1 oft
2 manchmal
3 nie

was Sie für die nächste Woche geplant haben?

1 oft
2 manchmal
3 nie

die Zeitung abzubestellen, weil Sie im Urlaub sind?

1 oft
2 manchmal
3 nie

Geld aus dem Bankautomaten zu holen, bevor Sie einkaufen gehen?

1 oft
2 manchmal
3 nie

den Wecker zu stellen, bevor Sie nachts das Licht ausschalten?

1 oft
2 manchmal
3 nie

Ihre Medikamente zu nehmen?

1 oft
2 manchmal
3 nie

einem guten Freund eine Geburtstagskarte zu schicken?

1 oft
2 manchmal
3 nie

einen Telefonanrufer auf dem Anrufbeantworter zurückzurufen?

1 oft
2 manchmal
3 nie

Bewertung

Addieren sie die Nummern Ihrer Antworten.

10–15: schlecht
16–25: mittelmäßig
26–30: gut

ZUSAMMENFASSUNG

Etwas zu vergessen kann frustrierend sein. Aber mit etwas Organisation und einfachen Strategien lässt sich dieser Gedächtnisbereich verbessern.

Antworten zu den Fragen der Übung 3, Teil 2:

1 Rom; 2 William Shakespeare; 3 Westen; 4 100 °C; 5 Jupiter; 6 1990; 7 1917; 8 Elf; 9 Südamerika; 10 Auge; 11 Robert Edwin Peary; 12 Günther Grass; 13 Atlantik und Pazifik; 14 Brüssel; 15 Nordsee; 16 1914–1918; 17 Richard Nixon; 18 Insel Elba, später St. Helena; 19 Rot, Orange, Gelb, Grün, Blau, Blauviolett, Violett; 20 Marilyn Monroe

IHR PERSÖNLICHES PROFIL

Wie haben Sie insgesamt abgeschnitten?
Kreuzen Sie die entsprechenden
Kästchen in folgender Übersicht an.

Übung Nr.	Test	Schlecht	Mittelmäßig	Gut
1	allgemein			
2 (Teil 1)	Zahlengedächtnis			
2 (Teil 2)	verbales Gedächtnis			
2 (Teil 3)	visuelles/räumliches Gedächtnis			
2 (Teil 4)	an Geschichten erinnern			
2 (Teil 5)	wiedererkennen			
2 (Teil 6)	visuelle Wiedererkennung			
3 (Teil 1)	episodisches Gedächtnis			
3 (Teil 2)	semantisches Gedächtnis			
4	Gedächtnis für die Zukunft			

Interpretation Ihrer persönlichen Stärken und Schwächen

Sehen Sie sich in der Tabelle an, wie Sie in den einzelnen Übungen abgeschnitten haben. Hier wird deutlich, wo Ihre Stärken und Schwächen liegen. Dass es beides gibt, ist ganz natürlich, und jeder von uns hat ein etwas anderes Gedächtnis. Nun gibt es viele Dinge, die Sie verbessern können. Dabei werden Ihnen verschiedene Strategien und bessere Organisationsformen helfen. Auch wenn Sie überall gute Ergebnisse hatten, findet sich noch Spielraum für Verbesserungen.

Jedes Gedächtnis unterscheidet sich vom anderen.

Lernen Sie Ihre Schwächen kennen und machen Sie Stärken daraus.

ENTSCHEIDENDE DENKFÄHIGKEITEN

Unser Gedächtnis ist komplex und facettenreich. Daher sollte man auch verstehen, wie andere wichtige Hirnfunktionen mit dem Gedächtnis zusammenwirken. Konzentration spielt eine wichtige Rolle für das Gedächtnis, aber ebenso Planung, Organisation und effektives Lernen. In diesem Abschnitt machen wir Sie mit Fähigkeiten vertraut, die Ihnen helfen werden, Ihr Gedächtnis zu verbessern. Zunächst müssen Sie sich aber über Ihre eigenen Fähigkeiten vollkommen im Klaren sein.

Ihr eigenes Gedächtnis kennen

Dies ist die Fähigkeit zu erkennen, ob wir etwas wissen oder uns an etwas erinnern können, weil wir wissen, dass die Information in unserem Gedächtnis abgelegt ist. Dies nennt man auch **Metagedächtnis**, eine Gedächtnisfunktion, die es uns erlaubt und hilft, „zu wissen, dass wir etwas wissen".

Das persönliche Gedächtnisprofil von Schritt 4 zeigt Ihnen, wo Ihre Stärken und Schwächen liegen, sodass Sie wissen, auf welche Aspekte Sie sich konzentrieren müssen. Wenn Sie erst einmal das notwendige Wissen über Ihre geistige Verfassung haben, können Sie auch lernen, wie Ihr Gedächtnis in unterschiedlichen Situationen beeinflusst und verbessert werden kann.

Wissen Sie, wie viel Sie wissen?

ÜBUNG: WENDEN SIE EINFACHE STRATEGIEN AN

Dieses grundlegende Verständnis kann für geeignete Strategien hilfreich sein. Hier ein paar Beispiele:

- Wenn Sie wissen, dass Sie sich Namen schlecht merken können, dann passen Sie besonders gut auf, wenn Ihnen jemand vorgestellt wird. Und legen Sie sich Strategien zurecht. Spannen Sie zum Beispiel Ihr visuelles Gedächtnis mit ein, indem Sie sich „Robert in Rot“ oder „Barbara mit Bluse“, usw. merken.
- Wenn Sie sich auf eine Prüfung vorbereiten und wissen, dass Sie sich abends nicht so gut konzentrieren können, dann stehen Sie frühmorgens auf und lernen Sie erst einmal.
- Wenn Sie wissen, dass Ihr Chef morgens nicht gestört werden will, dann legen Sie Ihre Termine bei ihm auf den Nachmittag.

Ein besseres Bewusstsein unserer Gedächtniseigenschaften in Verbindung mit geeigneten Strategien kann unsere Gedächtnisleistung verbessern helfen.

DIE MACHT DER KONZENTRATION

Mit Konzentration kann man einer Information mehr Beachtung schenken, sodass sie längere Zeit im Gedächtnis zur Verfügung steht. Hierzu gehört ein wacher geistiger Zustand, sich nicht ablenken zu lassen und mit den Sinnesorganen auf die unterschiedlichen Anforderungen wirksam zu reagieren. Bei schlechter Konzentration haben die Informationen keine Chance, bis ins Langzeitgedächtnis vorzudringen. Oft resultiert ein scheinbar schlechtes Gedächtnis einfach aus dem Unvermögen, einer Sache genügend Aufmerksamkeit zu schenken. Dies liegt zwar auf der Hand, aber man darf die Bedeutung dieses Umstands nicht unterschätzen. Es ist leicht, das Gedächtnis zu schärfen, wenn man erkannt hat, wie wichtig gute Aufmerksamkeit ist.

Die Fähigkeit, aufmerksam zu sein

Die meisten von uns führen ein geschäftiges Leben und haben viel zu viel zu tun. Da überrascht es kaum, wenn wir uns auf wichtige Dinge vielleicht schlecht konzentrieren können. Für ein zuverlässiges Erinnern ist jedoch die Fähigkeit entscheidend, wichtige Gedanken, Details, Namen, usw. wahrzunehmen und zu erkennen. Unser Gehirn verfügt über Hilfsmittel, die unsere Aufmerksamkeit steuern können und die unserem Kurzzeitgedächtnis helfen, die Informationen weiterzuleiten.

Die Aufmerksamkeit aufrechterhalten

Dies bezieht sich auf unsere Fähigkeit, die Konzentration auf eine Sache eine bestimmte Zeit lang aufrechtzuerhalten. Dabei spielen Motivation und geistige Wachheit eine Schlüsselrolle. Um die Aufmerksamkeit hinreichend lange zu erhalten – nämlich zum Abspeichern der Informationen –, muss man einen Mittelweg zwischen Motivation und Übermotivation finden. Es ist auch zu bedenken, dass die Aufmerksamkeit vielleicht 20 oder 50 Minuten oder länger anhalten muss – je nach Art der Information.

BEISPIEL

Stellen Sie sich vor, Sie arbeiten in einem Büro und im Hintergrund läuft ein Fernsehprogramm mit Börseninformationen. Da werden Tabellen und Charts gezeigt und dazu spricht ein Kommentator – zu viel, um all das aufzunehmen. Sie können vielleicht dem Fernseher so viel Aufmerksamkeit schenken, dass Sie gerade noch die allgemeine Marktlage und den Börsentrend mitbekommen.

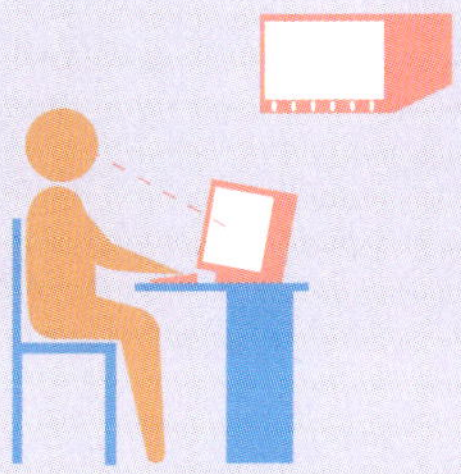

Stellen Sie sich jetzt vor, Sie hören, dass ein bestimmter Marktbereich, für den Sie sich interessieren, schwächelt, weil eine größere Firma dieser Branche Insolvenz angemeldet hat. Ihre Aufmerksamkeit ist geweckt, weil Sie ein paar Aktien der Firma GLAMCO (aus dieser Branche) besitzen. Sie horchen jetzt auf jede Information, die GLAMCO und deren Aktien betrifft. Und solange von der Firma GLAMCO die Rede ist, bleibt Ihre Aufmerksamkeit auf diesen Themenbereich fokussiert. Erst danach wenden Sie sich wieder Ihrer Arbeit zu und achten nicht mehr auf den Fernseher.

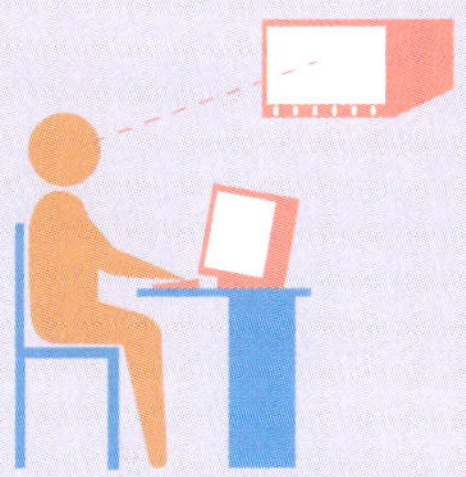

Stellen Sie sich schließlich vor, Sie wollen Ihre Aktien über das Internet verkaufen, aber Ihr Computer streikt. Sie hängen am Telefon und hören dem Servicetechniker der Computerfirma zu. Sie können sich vielleicht gut auf ihn konzentrieren, aber wenn Sie zu aufgeregt sind, wird das Optimum Ihrer inneren Aufnahmebereitschaft überschritten. Die Ratschläge des Technikers werden in Ihrem Gehirn durcheinandergebracht. Tatsächlich gehen Ihnen so viele sorgenvolle Gedanken durch den Kopf, dass Ihr Arbeitsgedächtnis für die Anweisungen des Technikers nicht mehr aufnahmefähig ist.

Geteilte Aufmerksamkeit

Die Fähigkeit, sich auf ein Thema zu konzentrieren, wird von vielen anderen Dingen, die Ihr Interesse wecken wollen, auf die Probe gestellt. Manchmal sollte man zwei oder mehr Gedanken gleichzeitig im Kopf behalten. Dies nennt man „geteilte Aufmerksamkeit".

Normalerweise schaltet das Gehirn auf „selektive Aufmerksamkeit", das heißt, es wendet sich dem wichtigsten Thema zu und behält das Unwichtigere so lange „im Hinterkopf", bis dieses wichtig wird und die volle Aufmerksamkeit erfährt. Diese Fähigkeit liegt dem so genannten Multi-Tasking zugrunde.

BEISPIEL

Stellen Sie sich noch einmal vor, Sie sitzen am Schreibtisch in Ihrem Büro. Sie versuchen, ein paar Rechnungen zu schreiben. Gleichzeitig wollen Sie den Kurs Ihrer Aktien verfolgen, weil Sie bei der unruhigen Marktlage nicht wissen, ob Sie nicht besser verkaufen sollten. In Ihrem Großraumbüro ist Unruhe, weil einem Mitarbeiterteam vorgeworfen wurde, zu wenig zu leisten. Ihr Telefon klingelt – eine Kundin möchte eine Auskunft. Dabei beobachten Sie wieder Ihre Aktienkurse. Sie beenden das Telefonat und machen sich wieder an die Arbeit. Da zieht Kaffeeduft in Ihre Nase und macht Ihnen Appetit auf eine Tasse. Ein Kollege fragt, ob Sie zum nächsten Fußballspiel mitgehen. Und wieder werfen Sie einen Blick auf die Aktienkurse.

In diesem Beispiel haben alle möglichen Dinge Ihre Aufmerksamkeit beansprucht. Aber Sie hatten noch alles im Griff. Denn Ihre natürlichen Hirnfunktionen halfen Ihnen, sich auf das zu konzentrieren, was im jeweiligen Augenblick notwendig war. Wenn es zu viele Informationsströme werden, können Sie diese nicht mehr bewältigen, machen zu vieles gleichzeitig und machen sehr leicht Fehler. Manche Menschen können ihre Aufmerksamkeit gut teilen, andere erledigen besser eine Aufgabe nach der anderen. Darüber hinaus ist es einfacher, die Aufmerksamkeit auf mehrere Aufgaben zu richten, wenn diese nicht allzu unterschiedlich sind.

AUTO FAHREN

Beim Autofahren sind die so genannten prozeduralen Fähigkeiten gefordert. Es dauert eine Weile, bis man es gelernt hat. Aber nach der Fahrprüfung und nach einiger Praxis fahren Sie jetzt ohne viel darüber nachzudenken. Das eingeübte Fahren erfolgt „automatisch“. Das „automatische Gedächtnis“ sitzt bei uns mit am tiefsten, und es kann so gut wie nicht vergessen werden. Auch wenn Sie zehn Jahre lang nicht Auto gefahren sind, können Sie sich heute in ein Auto setzen und losfahren. Während wir das Auto lenken, können wir sogar andere Dinge tun – uns unterhalten, Fußgänger im Auge behalten, das Autoradio bedienen. Die Aufmerksamkeit zu teilen fällt uns leicht, weil in uns eine sehr vertraute Gedächtnisprozedur abläuft.

Auto fahren ist ein komplexer Vorgang, aber das Gedächtnis macht es einfach.

ORGANISIEREN UND VORAUSPLANEN

Die Fähigkeit sich zu organisieren, ist für das Gedächtnis ganz wesentlich. Je systematischer und strukturierter Sie vorgehen, desto besser wird Ihr Gedächtnis, vor allem auch Ihr Gedächtnis für Zukünftiges (z. B. sich an Aufgaben erinnern, die Sie noch erledigen wollen). Eine gute Selbstorganisation verringert auch den Stress in Ihrem Leben und wenn Sie alles im Griff haben, werden Sie sich auf natürliche Weise entspannen, sich besser erinnern und neue Informationen besser aufnehmen. Selbstverständlich müssen wir mit den alltäglichen Störungen rechnen, und zuweilen müssen wir sogar mit Notsituationen fertigwerden. Unter dem Strich jedoch kann gute Planung allen Ernstes helfen, das Gedächtnis und damit auch die Lebensqualität zu verbessern.

ÜBUNG: ZEITMANAGEMENT

Dies ist eine wirksame Methode, die eigene Planung und Organisation zu verbessern und die Gedächtnisleistung zu stärken. Vielleicht haben Sie schon von diesem Konzept gehört, aber was steckt dahinter? Es ist eine Systematik, mit deren Hilfe Sie sowohl Ihre Arbeit als auch Ihr persönliches Leben besser in den Griff bekommen und gleichzeitig mehr Freude daran haben. Es gibt einige grundlegende Prinzipien, die Sie bei aller Verschiedenheit Ihrer Aufgaben anwenden können:

- Erstellen Sie einen Lebensplan.
- Verwenden Sie einen (elektronischen) Terminkalender.
- Sorgen Sie dafür, dass Arbeiten erledigt werden.
- Delegieren Sie Aufgaben.
- Erstellen Sie Checklisten.
- Lernen Sie NEIN zu sagen.
- Arbeiten Sie nicht zu spät am Abend.

Nachfolgend werden diese Punkte ausführlicher behandelt.

Erstellen Sie einen Lebensplan

Das Entscheidende an einem solchen Plan ist, dass er nicht nur Ihre Arbeit enthalten soll, sondern Ihr gesamtes Leben: Arbeit, Familie, Freunde, Gesundheit – dies alles muss in einen zweistufigen Plan aufgenommen werden.

1. Führen Sie ein „Wochenbuch"

Damit können Sie Folgendes untersuchen:

- **womit Sie die meiste Zeit verbringen**
- **was Sie gerne tun würden, aber nicht tun**
- **ob Sie genügend Zeit Ihrer Familie widmen**
- **ob Sie ausreichend Kontakt zu Ihren Freunden haben**
- **ob Sie Ihren Haushalt im Griff haben**

Diese Vorgehensweise verschafft Ihnen einen genauen Überblick über das Verhältnis Arbeitszeit zu Freizeit und hilft, eine ausgewogene Prioritätenliste zu entwickeln.

2. Führen Sie ein „Monatsbuch"

Für diese Übung kann ein elektronischer Terminkalender nützlich sein, siehe nächste Seite. Mit ihm haben Sie einen vollen Monat im Überblick. Versuchen Sie, Ihren Aktivitäten Zeitblöcke zuzuordnen – für Arbeit, Familie, Hobbys, Essen gehen, Einkaufen usw. Achten Sie darauf, einige Zeitabschnitte nicht zu verplanen. Lassen Sie sich Ihr Leben nicht allzu sehr einengen. Sie brauchen auch Zeit für sich selbst oder für spontane Ausflüge. Verplanen Sie nicht jeden Abend einer Woche. Denn wenn Sie übermüdet sind, haben Sie sich weniger unter Kontrolle, Ihr Kurzzeitgedächtnis lässt nach und komplexe Tätigkeiten werden dann schwierig.

Überladen Sie nicht Ihr Leben – und auch nicht Ihr Gedächtnis.

Verwenden Sie einen elektronischen Terminkalender

Ein elektronischer Organizer ist ein nützliches Ding. Einige Organizer gestatten es, den Terminkalender mit dem Computer zu Hause oder im Büro abzugleichen. Sie können unterwegs Daten in Ihr tragbares Gerät eintippen und später mit Ihrem PC synchronisieren. Auf diese Weise haben Sie zu jeder Zeit und überall einen Überblick über Ihre geplanten Aufgaben und können Ihren Tagesablauf kontrollieren. Wenn Sie wollen, können Sie sogar die Daten mit einem Partner austauschen.

Sorgen Sie dafür, dass Arbeiten erledigt werden

Die voraussichtliche Zeit für eine Arbeit zu hoch anzusetzen, ist ein bewährter Trick, um pünktlich fertigzuwerden. So können Sie unerwartete Verzögerungen abfangen und den Stress auf ein Minimum reduzieren. Wenn Sie dadurch früher nach Hause kommen, überraschen Sie Ihren Partner oder Ihre Familie. Sie werden Ihren Chef und Ihre Kunden beeindrucken, weil Sie pünktlich Ihre Arbeit abliefern. Das wichtigste aber ist, dass Sie Stresssituationen vermeiden. Und deswegen werden Sie entspannter sein und besser arbeiten - auch Ihr Gedächtnis. Hier sind ein paar Tipps:

- **Teilen Sie große Arbeiten in Einzelphasen auf.**
- **Schätzen Sie – und zwar realistisch – wie lange jede einzelne Phase dauern wird.**
- **Planen Sie genügend Zeit für unerwartete Verzögerungen ein. Bei kreativen Aufgaben brauchen Sie Zeit für Inspirationen. Ein enger Zeitplan verhindert einen „freien Kopf".**

Delegieren Sie Aufgaben

Können Sie delegieren oder gehören Sie zu denen, die Folgendes denken:

- **Es ist einfacher, wenn ich es selbst mache.**
- **Ich mache es besser.**
- **Bis ich es jemandem erklärt habe, habe ich es selbst gemacht.**
- **Wenn ich es jemandem beibringe, werde ich selbst unwichtig.**

Richtig zu delegieren ist eine hohe Kunst. Wenn Sie es nicht können, lernen Sie es! Sie gewinnen damit Zeit. Warum sollen wir nicht unser Wissen weitergeben und Arbeiten delegieren? Man wird Sie dafür respektieren. Und Sie selbst gewinnen

Freiraum für neue Herausforderungen und lernen auch wieder Neues. Schließlich folgt daraus, dass Sie sicherlich viel entspannter sein werden, was sich positiv auf Ihre Konzentration auswirkt.

Erstellen Sie Checklisten

Checklisten sind äußerst nützlich. Sie helfen Ihnen, Ihre Gedanken zu Papier zu bringen und Ihren Kopf freizumachen. Sie helfen Ihnen, über den Dingen zu stehen. Es tut gut, erledigte Aufgaben abzuhaken. Entwickeln Sie Ihr eigenes, maßgeschneidertes System. Hier sind ein paar Anregungen:

- **Schreiben Sie morgens als Erstes alles auf, was Sie erledigen wollen.**
- **Setzen Sie Prioritäten. Markieren Sie die wichtigsten Dinge, die auf jeden Fall an diesem Tag erledigt werden müssen. Aber seien Sie realistisch!**
- **Verfolgen Sie Ihren täglichen Fortschritt, indem Sie das Erledigte abhaken. Sie sehen dann sofort, was noch zu tun ist. Gut organisiert werden Sie alles schaffen.**
- **Bei zu vielen dringenden Arbeiten machen Sie sich einen detaillierten Zeitplan. Zum Beispiel reservieren Sie die erste Stunde für den kleinen Verwaltungskram. Dann bekommen Sie den Kopf frei für die wichtigen Tätigkeiten. So behalten Sie alles im Griff und können sich besser konzentrieren.**
- **Machen Sie das Beste aus Ihrer Zeit. Erledigen Sie die schwierigsten Arbeiten zu einer Tageszeit, in der Ihre Leistungsfähigkeit auf dem Höhepunkt ist.**
- **Entsprechend planen Sie einfache Routinearbeiten in den Stunden ein, in denen Sie sich erfahrungsgemäß schlechter konzentrieren können.**

Lernen Sie NEIN zu sagen

Wohl den glücklichen Menschen, die so „herzlos“ sind, dass sie Nein sagen können. Das ist schwierig. Dabei ist das Manipuliertwerden durch andere Leute einer der störendsten Faktoren im Leben, und gutes Zeitmanagement hängt ganz wesentlich von der Fähigkeit ab, Nein sagen zu können.

Die gute Nachricht ist, dass das Neinsagen umso leichter fällt, je öfter man es praktiziert. Entgegen verbreitetem Glauben werden Sie dann sogar mehr respektiert. Man kann nicht immer ablehnen, jedoch muss man zwischen Wichtigem und Unwichtigem unterscheiden.

Lernen Sie, zwischen Wichtigem und Unwichtigem zu unterscheiden.

Arbeiten Sie nicht zu spät am Abend

Wenn man sich gut organisiert, muss man kaum bis spät in die Nacht arbeiten. Spätes Arbeiten macht müde, erzeugt Stress und mindert Ihre Freizeit. Natürlich müssen wir alle ab und zu lange arbeiten, aber nicht regelmäßig, sonst stimmt vermutlich etwas an unserer Arbeitsweise nicht. Versuchen Sie nicht, mit langer Arbeit Ihrem Chef zu imponieren. Dies könnte zum Bumerang werden, wenn er meint, Sie hätten Ihre Arbeit nicht im Griff. Es ist viel besser, Sie arbeiten hart, sind aber frisch und managen Ihre Zeit gut, sodass Ihnen die Arbeit nicht über den Kopf wächst.

Wir arbeiten, um zu leben – das sollten wir nie vergessen. Die Arbeit auf die normale Arbeitszeit zu beschränken, ist nicht nur für die Physis besser, sondern auch für unsere persönlichen Beziehungen und für unsere geistige Verfassung. Physisches und psychisches Wohlbefinden ist gleichermaßen wichtig.

BEISPIEL

Es ist Donnerstagabend. Sie haben Ihre Woche sorgfältig geplant und Ihr Terminkalender gestattet es, um 18 Uhr nach Hause zu gehen. Sie haben Ihre Arbeit im Griff und sind entspannt. In diesem Augenblick ruft ein Kollege an und bittet Sie, am kommenden Montagnachmittag an einer Verkaufsvorführung teilzunehmen.

Option 1: Sie sagen ja

Sie müssen Ihre Pläne für Freitag umstoßen, um sich auf die Vorführung vorzubereiten. Sie müssen am Montag zum Treffpunkt fahren. Das dauert zweieinhalb Stunden, sodass Sie ein für Sie wichtiges Mittagessen mit dem Chef absagen müssen – und den werden Sie erst in einem Monat wieder sehen. Sie wissen, Ihr Kollege wird Sie immer wieder so kurzfristig ansprechen.

Option 2: Sie sagen nein

Alle Ihre Termine der nächsten Woche sind wichtig. Sie möchten auch nicht das Essen mit dem Chef absagen. Es gibt keinen Grund, warum die Vorführung des Kollegen gerade am Montag sein muss. Sie lehnen ab. Es täte Ihnen Leid, aber Sie seien den ganzen Tag ausgebucht und benötigten außerdem etwas mehr Vorlaufzeit. Sie sagen, Sie würden dem Kollegen gern zu einem anderen Termin helfen.

Ihr Kollege wird sagen, er hätte es auch nicht früher gewusst, und wird enttäuscht sein. Aber Sie haben es richtig gemacht. Es ist nicht Ihre Schuld, dass der Kollege in Zeitnot kommt, und er sollte es nicht Sie ausbaden lassen.

LERNEN DURCH VERSTEHEN

Menschen sind besondere Wesen mit Bewusstsein und einzigartiger Sprachbegabung. Vom Tag unserer Geburt an lernen wir mit erstaunlicher Geschwindigkeit. Wir speichern riesige Mengen an Informationen und unser Gehirn scheint eine grenzenlos Kapazität zu haben. Dieser leistungsfähige Informationsspeicher wird „Gedächtnis" genannt. Wir erinnern uns an das, was wir lernen. Die Art und Weise, wie wir lernen, beeinflusst unsere Erinnerung – die Art, wie wir und später erinnern.

„Sinnvolles" Lernen

Unsere Erinnerungsfähigkeit hängt davon ab, wie gründlich wir ursprünglich gelernt hatten. Durch Lerntechniken kann man die Erinnerung verbessern. Regelmäßiges Wiederholen und der Gebrauch der Informationen verstärken den Lernerfolg. Und Sie werden besser lernen, wenn Sie den Dingen eine inhaltliche Bedeutung und einen sinnvollen Bezug geben.

- **Verbinden Sie neue Informationen mit bereits vertrautem Wissen.**
- **Je mehr Sie über etwas wissen, desto leichter können Sie zusätzliche, neue Informationen verstehen und einordnen.**
- **Je mehr Sie an einer Sache interessiert sind, desto leichter fällt Ihnen das Lernen und Erinnern. Einzelne Fakten ermüden, aber im Zusammenhang mit anderen können sie interessant werden.**

ÜBUNG: SINNVOLL LERNEN

Schreiben Sie Wörter der Tabelle auf Seite 58 ab, und zwar nach den vier Gruppen geordnet. Dann versuchen Sie erneut, sich an die Wörter zu erinnern. Sie werden sehen: Es geht besser!

Integriertes Denken – Kontrolliertes Handeln

Über allen individuellen Funktionen, die in diesem Kapitel beschrieben wurden, existiert eine höhere Ebene, das kontrollierte Handeln. Stellen Sie sich das Gedächtnis als einen großen Kochtopf vor: Dort hinein kommen Informationen; dazu brauchen Sie Konzentration, ferner Organisation und schließlich inhaltlichen Sinn. Dies alles mixen Sie im Kochtopf zusammen. Das Ergebnis ist kontrolliertes Handeln, das unsere Tätigkeiten und unser Verhalten in geordnete Bahnen lenkt. Kontrolliertes Handeln schließt Planung und Organisation ebenso ein wie die Fähigkeit, bestimmte Verhaltensweisen zu aktivieren, zwischen verschiedenen Tätigkeiten flexibel zu wechseln oder für die Zukunft zu planen. Kontrolliertes Handeln ist eine der schwierigsten, aber wichtigsten Funktionen unseres Gehirns.

Was passiert, wenn Ihr kontrolliertes Handeln nicht richtig funktioniert? Ein gutes Beispiel liefert ein Betrunkener. Sie wundern sich vielleicht, wenn Sie unter Alkoholeinfluss Dinge sagen, die Sie sonst nie gesagt hätten, oder sich ungewöhnlich benehmen. Alkohol unterdrückt kontrolliertes Handeln.

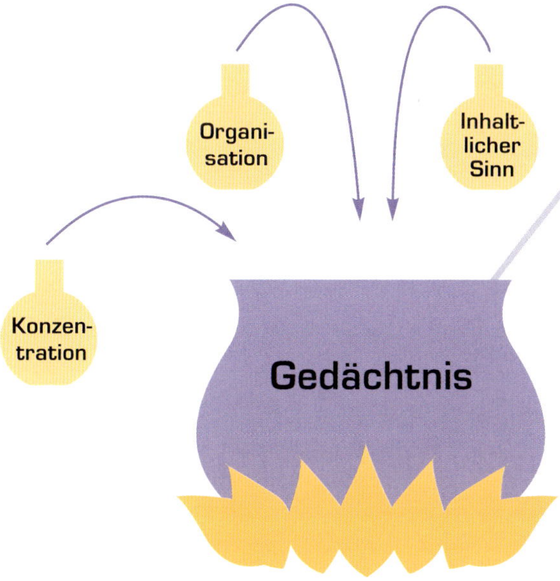

DAS INNERE GEDÄCHTNIS VERBESSERN

Das Erinnern ist ein aktiver Prozess. Das Gedächtnis lässt sich durch höhere Aufmerksamkeit und bessere Organisation steigern. Aber man kann auch „Tricks“ oder Strategien anwenden. Einige davon erscheinen uns ganz natürlich, andere kann man sich explizit aneignen.

Strategien

Es gibt zwei Arten von strategischen Hilfsmitteln:

- **Interne Strategien helfen, das Gedächtnis zu festigen, sodass man auf die gespeicherten Informationen leichter wieder zugreifen kann. Hierzu gehören wirksame Lerntechniken ebenso wie einfache „Eselsbrücken“.**
- **Externe strategische Hilfsmittel sind zum Beispiel Checklisten, Terminkalender usw., die in Schritt 7 besprochen werden.**

Dieses Buch soll Ihnen vermitteln, wie die Strategien funktionieren und wann sie jeweils einzusetzen sind.

Interne Strategien anwenden

Der vorliegende Abschnitt behandelt die internen Strategien zur Verbesserung der Aufnahme und Speicherung von Informationen sowie zum Zugriff auf diese. Alles, was für die Aufnahme und Speicherung hilfreich ist, unterstützt natürlich auch den späteren Zugriff. Und am besten kombiniert man mehrere Strategien.

Fehlerfreies Lernen

Das Konzept des „fehlerfreien Lernens“ ist sehr wichtig. Wenn Sie jemanden irgendetwas raten lassen, wird er sich möglicherweise erinnern. Wenn Sie ihn jedoch an die richtige Antwort gezielt heranführen, wird er sich viel eher erinnern.

Statten Sie sich mit Strategien aus!

BEISPIEL

Wenn Sie einem Kind sagen, es solle seine Sportschuhe suchen, wird es vielleicht zuerst unter dem Bett, dann im Bad und schließlich unter der Treppe suchen, wo es die Schuhe dann tatsächlich findet. Beim nächsten Mal würde das Kind wieder zuerst unter dem Bett suchen.

Lösung
Wenn Sie stattdessen sagen „Lass uns deine Schuhe suchen!" und gleichzeitig mit Ihren Augen in Richtung Treppe weisen, wird das Kind viel eher sofort an der richtigen Stelle suchen.

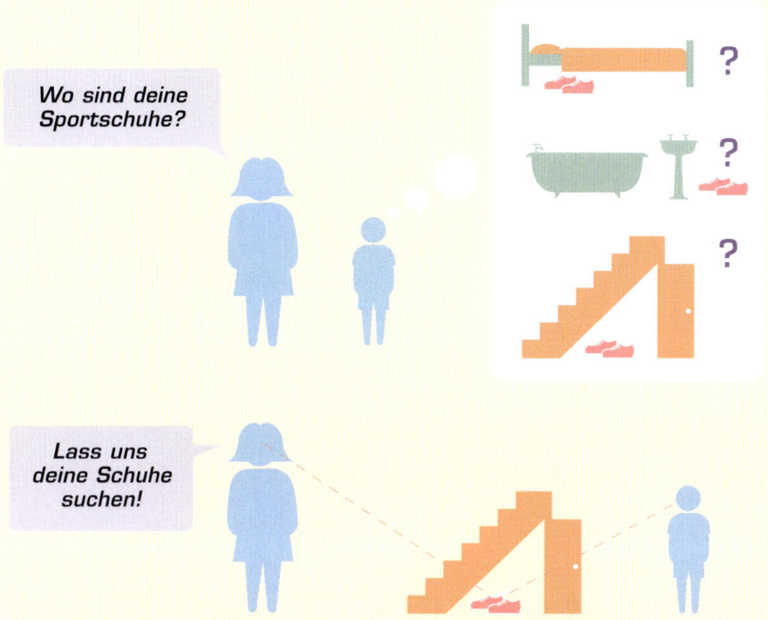

Einige allgemeine Regeln

Weniger ist mehr

Zuerst sollten Sie sich fragen: „Muss ich mir das wirklich merken?“ Auch wenn Ihre Gedächtniskapazität riesig ist, müssen Sie entscheiden, was Sie im Kopf behalten wollen/müssen und was nicht. Wenn es zu viele Dinge sind, kann es zu Überschneidungen und Überlastung kommen. Ältere Informationen werden dann schwer zugänglich. Daher brauchen Sie eine Art „Filtersystem“.

Brauche ich das jetzt im Augenblick?

Oft können Sie Ihr Gedächtnis entlasten, indem Sie sich mit einer Sache erst dann beschäftigen, wenn sie spruchreif geworden ist. Die Angelegenheit muss nicht ständig in Ihrem Kopf herumschwirren. Sie müssen lernen, etwas „im Hinterkopf“ zu behalten und Ihre momentane Aufmerksamkeit auf die aktuell wichtigen Informationen zu lenken. So müssen Sie zum Beispiel nicht sämtliche Telefonnummern im Kopf mit herumschleppen.

Scheuen Sie sich nicht zu fragen

Eine gute Verhaltensweise, die Sie sich aneignen sollten, ist, die Leute zu fragen – zum Beispiel nach Ihrem Namen. Damit müssen Sie nicht Ihr Gedächtnis bemühen und raten, was Sie vielleicht in Verlegenheit bringen würde. Wären Sie zum Beispiel beleidigt, wenn Sie jemand, den Sie nur ein Mal gesehen haben, mit „ Es tut mir schrecklich leid, aber ich kann mich nicht an Ihren Namen erinnern“ ansprechen würde? Wohl kaum. Es wäre schlimmer, wenn dieser Jemand raten und Sie mit falschem Namen ansprechen würde.
Es ist sicherlich besser, sich den Namen des Anderen nennen zu lassen, bevor man einen peinlichen Fehler begeht – und Gefahr läuft, das nächste Mal wieder den falschen Namen zu sagen.

> Sie müssen sich nicht jede Telefonnummer merken!

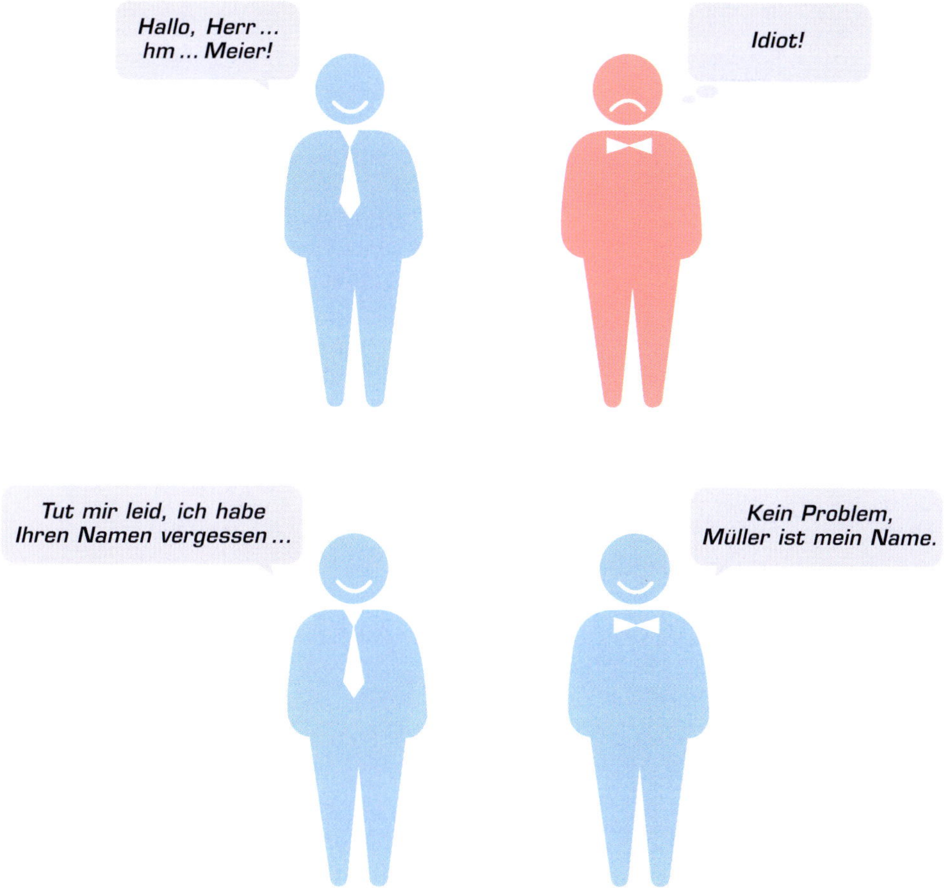

Wenn Sie einen Namen raten müssen und falsch raten, dann werden Sie beim nächsten Mal den Namen derselben Person vermutlich erneut falsch raten. Ein Name sitzt fester in Ihrem Gedächtnis, wenn Sie ihn sich bestätigen lassen und nicht zwischen irgendwelchen falschen Namen herumrätseln. Anstatt bei einer bestenfalls 50 : 50-Chance zu raten, fragen Sie! Das tut sowohl Ihrem Gedächtnis als auch Ihrem Ansehen gut!

STRATEGIEN ZUR AKTIVEN AUFNAHME UND SPEICHERUNG

Auswendiglernen

Wir lernen oft durch Wiederholung – zum Beispiel durch wiederholtes Lesen. Dies nennt man „Auswendiglernen". Forschungsergebnisse zeigen, dass diese Methode nicht sehr effektiv ist. Stellen Sie sich vor, Sie lernen für eine Prüfung in Geschichte. Zu einem bestimmten Thema müssen Sie sich viele Fakten, Namen und Datumsangaben merken. Sie lesen alles viele Male. In der Prüfung können Sie die globalen Fragen recht gut beantworten, aber bei den konkreten Daten und Namen fällt Ihnen nur noch die Hälfte ein. Ein enttäuschendes Ergebnis.

Das Auswendiglernen ist eine sehr oberflächliche Form der Informationsverarbeitung. Um sich zu erinnern, muss die Information gründlicher und nachhaltiger aufgenommen werden. Sie müssen mit geeigneten Strategien dem Lernstoff inhaltlichen Sinn geben.

Geben Sie dem Stoff, den Sie sich merken wollen, einen inhaltlichen Sinn.

Informationen gliedern

Das Erinnern fällt leichter, wenn man die Informationen gliedert und damit strukturiert. Ein Beispiel: Versuchen Sie, sich die folgende Telefonnummer zu merken: 0206411689.

0	**2**	**0**	**6**	**4**
Null	**Zwei**	**Null**	**Sechs**	**Vier**

1	**1**	**6**	**8**	**9**
Eins	**Eins**	**Sechs**	**Acht**	**Neun**

Zehn einzelne Teilstücke (Ziffern) sind zu viel für das Arbeitsgedächtnis. Es wird leichter, wenn Sie die Nummer in drei Nummernblöcke aufteilen:

0206 411 689

Dies ist der Grund, warum Telefonnummern häufig in kleine Blöcke – mit Leerzeichen dazwischen – aufgeteilt werden.

Strategien der Organisation

Je besser Ihr Gedächtnis organisiert ist, desto leichter fällt Ihnen das Lernen und Erinnern. Auf einem Schreibtisch, der nicht aufgeräumt ist, findet man schwer etwas. Ebenso ist es mit einem schlecht organisierten Gedächtnis. Das Langzeitgedächtnis muss sehr gut strukturiert sein.

Das Langzeitgedächtnis ist mit der Datenorganisation in einem Computer vergleichbar. Da gibt es verschiedene Themenbereiche, Ordner und Unterordner. In diesen sind die Informationen nach Datum und Uhrzeit abgelegt. Derart geordnet lassen sich die Informationen leichter wieder finden.

ÜBUNG: INFORMATIONEN VERMITTELN

Wenn Sie anderen Leuten Informationen geben, sei es im Unterricht oder im Gespräch, müssen Sie diese in einer strukturierten, sinnvollen und übersichtlichen Form vermitteln. Sie werden dann nicht nur eine bessere Aufmerksamkeit des Auditoriums erzielen, sondern die Informationen werden auch besser verstanden und behalten. Nehmen Sie die Zuhörer mit auf eine Reise:

- **Malen Sie zunächst ein Gesamtbild und erzählen Sie dem Auditorium, was Ihr Ziel ist. Geben Sie wichtige Informationen und nennen Sie vorweg die Hauptpunkte.**
- **Bleiben Sie dicht an Ihrem Thema und konzentrieren Sie Ihre Aussage auf die wesentlichen Punkte, die Sie zu einer logisch aufgebauten „Story" verknüpfen.**
- **Innerhalb dieses Rahmens können Sie dann auf Details eingehen.**
- **Am Ende fassen Sie die Hauptaussagen noch einmal zusammen.**

Die Botschaft rüberbringen

Das Gedächtnis hängt davon ab, wie gut eine Information empfangen und verarbeitet wird. Wenn die Bedeutung einer Information verstanden wird, prägt sich diese besser ein, weil sie deutlichere Spuren hinterlässt als eine oberflächliche Information. Je intensiver dieser Prozess, desto besser die Erinnerung.

Wenn Sie sich an Informationen aus Büchern oder Gesprächen erinnern sollen, ist es entscheidend, sich auf die eigentliche Botschaft zu fokussieren. Ihr Gedächtnis will der Information einen Sinn geben. Dabei kann es sehr hilfreich sein, Fragen zu stellen.

ÜBUNG: SOKRATISCHE FRAGEN

Der griechische Philosoph Sokrates entwickelte eine Methode, sinnvolle Erkenntnisse zu gewinnen, indem er Fragen über die angestrebten Ziele des Menschen aufwarf. Typische Fragen des Sokrates sind: „Was weiß ich bereits über eine Sache?“ und „Was könnte ich daraus lernen?“

Gute Fragen zu stellen kann helfen, Informationen zu sammeln und miteinander zu verknüpfen. Hier ist ein Akronym, THEMA, das aus den Anfangsbuchstaben der nachfolgenden Merksätze besteht und Ihnen helfen soll, einige sokratische Fragen zu stellen:

- **Thema:**
  Was ist das Thema?
  Worum geht es?
- **Hoffnung:**
  Welche Fragen hoffen Sie beantwortet zu bekommen?
- **Erfassen:**
  Lesen Sie oder hören Sie zu.
- **Merken:**
  Was muss ich mir zusammenfassend merken?
- **Antworten:**
  Haben Sie alle Antworten erhalten?

Versuchen Sie es einmal mit **THEMA**, wenn Sie wieder etwas lesen.

An eigenen Beispielen nachvollziehen

Über die gezeigten Beispiele hinaus sollten Sie jetzt versuchen, irgendwelche Ihnen wichtige Dinge zu lernen. Bringen Sie hierbei Ihr allgemeines Wissen und Ihre Erfahrung mit ein. Wenn Sie auf diese Weise eigene Lernbeispiele schaffen können, beweisen Sie Ihr Verständnis und Ihre verbesserte Gedächtnisleistung.

Mit anderen diskutieren

Gedanken und Bemerkungen zu diskutieren, hilft Ihrem Gedächtnis. Sie fassen Ihre Gedanken in Worte und erfahren, wie andere diese Dinge sehen. Was Sie wirklich verstanden und in Worten ausgedrückt haben, merken Sie sich leichter. Es wird ein integraler Bestandteil Ihres Wissens. Wenn Sie andererseits etwas nicht ganz verstanden haben, wird dies in der Diskussion deutlich, und Sie können Ihre Wissenslücke schließen.

Das vorhandene Wissen erweitern

Aller Anfang ist schwer – auch beim Lernen. Aber sobald wir begonnen haben zu lernen, fällt es uns immer leichter, unser Wissen zu vermehren, weil in unserem Gehirn Sinnzusammenhänge und Bilder entstehen. Deswegen nennen wir manche Leute Experten: Sie schaffen sich zunächst eine Wissensbasis und erweitern diese dann über das Durchschnittswissen hinaus.

Stellen Sie sich vor, Sie planen, Ihre Ferien in Südafrika zu verbringen, waren aber noch nie dort. Sie haben gewisse Vorstellungen aus Fernsehsendungen oder aus der Literatur. Während Ihres Ferienaufenthalts mieten Sie ein Auto, reisen durch das Land und besuchen Museen. Dabei bauen Sie in Ihrem Gedächtnis eine Wissensdatenbank namens „Südafrika“ auf.

Wenn Sie jetzt – wieder zu Hause – Nachrichten über das Land hören, bedeuten diese Ihnen mehr und Sie hören genauer zu. Sie können die Informationen einordnen und damit leichter in Ihrem Gedächtnis abspeichern.

ASSOZIATION ALS LERNSTRATEGIE

Durch bewusste Assoziation neuer mit bekannten Informationen können Sie Ihr Speichersystem im Gehirn wesentlich unterstützen. Manche Assoziationen lassen sich leicht herstellen, aber meistens liegen sie nicht so ohne weiteres auf der Hand und man braucht schon etwas Kreativität, um sinnvolle Verbindungen zu knüpfen. Aber auch hier gilt: Übung macht den Meister, und mit der Zeit werden Sie ohne bewusstes Zutun Informationen assoziieren.

Benutzen Sie Gedächtnishilfen

Hierzu gehören Verse, Merksätze, Akronyme und andere Hilfen, auf die Sie sich stützen können und die Ihrem Gedächtnis Freude bereiten. Sie können solche Hilfen selbst erfinden. Seien Sie kreativ und geschickt. Es dürfen auch „dumme Sprüche" sein. Es gibt viele solcher Eselsbrücken. Die meisten lernen wir bereits als Kinder oder in der Schule, zum Beispiel:

- **Rechtschreibung:**
  Wer nämlich mit h schreibt, ist dämlich.

- **Geschichte:**
  Drei, drei, drei, bei Issos Keilerei (333 v. Chr.: Alexander der Große siegt in der Schlacht bei Issos).

- **Musik:**
  Eine alte deutsche Gitarre hält ewig (Reihenfolge der Gitarrensaiten von tief nach hoch: E A D G H E).

- **Erdkunde:**
  Mein Vater erklärt mir jeden Sonntag unseren Nachthimmel (die Planeten unseres Sonnensystems: Merkur, Venus, Erde, Mars, Jupiter, Saturn, Uranus, Neptun).

- **Optik:**
  Ist der Bauch konkav, war das Mädchen brav. Ist der Bauch konvex, hatte es wohl Sex. (konkav = nach innen gewölbt, konvex = nach außen gewölbt.)

Visualisierung

Lernen Sie, Informationen mit visuellen Vorstellungen zu assoziieren! Schwierige Materie lässt sich besser behalten, wenn man sie mit konkreten Bildern verbindet. Je einfacher die Visualisierung ist, desto besser funktioniert sie. Vor allem Menschen behält man mit Bildern gut im Gedächtnis.

Visualisierung von Personennamen

Die Namen von Leuten kann man sich gut merken, wenn man sie mit Bildern verbindet. Manche Namen lassen sich gut visualisieren, zum Beispiel wenn man das Wort mit Gegenständen in Verbindung bringen kann (wie etwa Kohl“, „Busch“, „Steinmeier“, „Bergmüller“). Viele Namen sind jedoch zu „abstrakt“, sodass Sie andere sinnvolle Assoziationen zu dieser Person schaffen müssen.

- **Stellen Sie sich zunächst vor, wie der Name einer Person geschrieben wird.**
- **Verbinden Sie den Namen mit einer leicht zu merkenden Eigenschaft („Lilo ist Linkshänderin“).**
- **Manche Namen können Sie sich vielleicht mit Wortspielereien einprägen: „Wer isst so gern Pommes frites? Fritz!“**

Ereignis		Assoziation		Visualisierung
Sie lernen eine Frau kennen.	➧	Sie heißt Paula – wie Ihre Tante.	➧	Ihre neue Bekanntschaft und Tante Paula schütteln sich die Hände.
Sie haben am 12. April eine Verabredung.	➧	Ihre Mutter hat am 12. April Geburtstag.	➧	Sie sind bei Ihrer Mutter zum Geburtstag, müssen wegen der Verabredung aber früher gehen.
Sie haben eine neue Freundin, die gern Tee trinkt.	➧	Ihre neue Freundin heißt Theresa.	➧	Theresa trinkt Tee.

Bildsequenzen

Eine weitere Strategie ist die „Methode der Bildsequenzen“. Wenn Sie sich an eine Folge von Eindrücken erinnern müssen, ordnen Sie jedem eine Nummer und ein Bild zu. Beispiel: Sie haben zum Geburtstag Geschenke bekommen und wollen sich in Bildsequenzen merken, wer was geschenkt hat:

1. **Walter kommt in Hausschuhen.**
2. **Hans trinkt ein Glas Wein.**
3. **Gisela schreibt etwas in ein Tagebuch.**

Visualisieren durch Lokalisieren

Sie sollen sich an viele unterschiedliche Einzelinformationen erinnern können. Stellen Sie sich ein Haus mit vielen Räumen vor und ordnen Sie die Informationsarten jeweils einzelnen Räumen zu. Zum Erinnern gehen Sie im Geiste durch das Haus und holen aus jedem Raum die jeweiligen Informationen.

ÜBUNG: FINDEN SIE IHREN WEG

Viele Menschen haben einen schlechten Orientierungssinn, was sich aber leicht ändern lässt. Probieren Sie Folgendes aus:

- Studieren Sie sorgfältig eine Landkarte und stellen Sie sich die geplante Fahrtroute vor.
- Bei komplizierten Routen prägen Sie sich zusätzlich einige Zwischenstationen als „Checkpunkte“ ein.
- Während der Fahrt haben Sie die Landkarte vor Ihrem geistigen Auge.
- Sie wollen natürlich auch wieder nach Hause kommen. Dazu prägen Sie sich bereits auf dem Hinweg einige markante Fixpunkte ein (die Sie vielleicht auf der Landkarte ausgesucht hatten). Dies wird Ihnen helfen, sicher nach Hause zu kommen.

MENTALE WIEDERHOLUNG

Sie erinnern sich, dass Ihr Arbeitsgedächtnis eine Information höchstens 30 bis 40 Sekunden lang behalten kann, sofern es nicht gestört wird. Und das Arbeitsgedächtnis hat auch nur eine Kapazität von etwa sieben Speicherplätzen. Eine Möglichkeit, Informationen verfügbar zu halten, ist die ständige geistige Wiederholung. Dabei sollten Sie der Information Sinn und Bedeutung hinzufügen, um die Erinnerung zu festigen.

Systematische Wiederholung

Wenn Sie eine Information länger behalten wollen – nicht nur, um sie schnell mal aufzuschreiben –, dann ist die Methode der systematischen Wiederholung sehr hilfreich. Wiederholen Sie die Information in immer länger werdenden Abständen.

Beginnen Sie mit einer Pause zwischen den Wiederholungen von fünf Sekunden, dann zehn Sekunden, dann 20 bis 40, dann 60 Sekunden usw.

ÜBUNG: SYSTEMATISCH WIEDERHOLEN

Testen Sie mithilfe der beiden Ziffernfolgen die systematische Wiederholung:

(a) 010 6743 99217

(b) 0450 328 2065

Wiederholen Sie (a) etwa sieben Mal und testen Sie sich nach 20 Minuten. Die Ziffernfolge (b) wiederholen Sie ein paar Mal, dann nach fünf Sekunden und dann nach weiteren sieben, 10, 20, 35 und 60 Sekunden und schließlich nach fünf Minuten. 20 Minuten später testen Sie sich.

Merken in Gruppen

Das Merken in logischen Gruppen ist eine weitere wertvolle Gedächtnisstrategie. Stellen Sie sich vor, Sie sollen sich eine Einkaufsliste merken, während Sie umhereilen, um die letzten Weihnachtsgeschenke zu besorgen.

Die Einkaufsliste: Weihnachtskarten, Mandarinen, Halstuch, Bier, Geschenkpapier, Wein, Filzschreiber, Fotorahmen, Socken, Klebeband, Zahnpasta, Schokotaler, Nüsse.

Zum besseren Merken gruppieren Sie die einzukaufenden Sachen etwa so:

Fürs Fest:
Weihnachtskarten, Geschenkpapier, Filzschreiber, Klebeband

Geschenke:
Halstuch, Fotorahmen, Socken

Getränke:
Bier, Wein

Essen:
Mandarinen, Schokotaler, Nüsse

Sonstiges:
Zahnpasta

Auf diese Weise können Sie mit „Gruppenüberschriften" Ihre Einkaufsliste strukturieren. Ein Problem könnte sein, dass manchmal nicht alle Dinge in Ihr Schema passen – wie in unserem Beispiel die Zahnpasta. In solchen Fällen bilden Sie einfach eine Rubrik „Sonstiges".

Untergruppen

Stellen Sie sich jetzt vor, Sie können Ihre Einkaufstour etwas gemächlicher angehen lassen. Sie haben eine ganze Reihe von Dingen im Kopf, zum Beispiel Lebensmittel, etwas für Ihre kleine Tochter, ein paar Arbeitsgeräte. In diesem Fall gruppieren Sie Ihre Einkaufsliste zunächst nach der Art des Geschäfts und dann in Untergruppen:

Supermarkt	Lebensmittel Haushaltswaren Babyabteilung	Milch, Yoghurt, Spinat, Pilze, Äpfel Müllsäcke, Waschpulver Spielzeug, Babysocken
Bürohändler	Computer Büromöbel	Tintenpatronen, Papier Schreibtischlampe

Hierarchie-Baum

Sie können sich alles, was Sie erledigen müssen, viel besser merken, wenn Sie die Dinge in ein Ordnungsschema bringen. Zum Beispiel mit einem Hierarchie-Baum. In diesem Baum sind die verschiedenen Geschäfte die Äste, die Abteilungen die Zweige und die Artikel die Blätter.

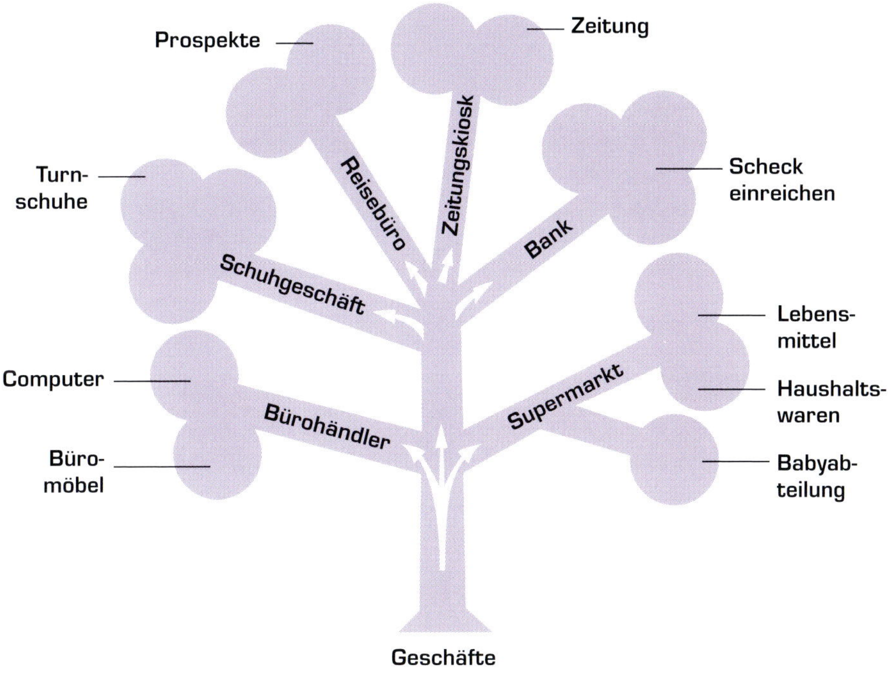

ZUGRIFFSSTRATEGIEN

Wenn Sie jetzt schon Strategien zum Lernen und Speichern einsetzen, sollte sich Ihr Gedächtnis bereits verbessert haben. Es kann jedoch sein, dass Sie auf vorhandene Informationen zugreifen wollen, diese aber nicht finden. Für diesen Fall gibt es auch einige nützliche Strategien.

Alphabetische Suche

Dabei geht man das Alphabet durch, um den ersten Buchstaben des gesuchten Wortes zu finden. Wenn Sie sich zum Beispiel an den Namen eines Schauspielers aus dem letzten Film erinnern wollen, beginnen Sie mit dem Buchstaben A. Gehen Sie alle Schauspieler durch, die mit A beginnen. Verfahren Sie ebenso mit allen nachfolgenden Buchstaben, bis Sie den Namen der Person gefunden haben. Das dauert vielleicht einige Zeit, aber es funktioniert, vor allem wenn Ihnen der Name „auf der Zunge“ liegt.

Suchen in Kategorien

Auch dies ist eine bewährte Methode, um Informationen abzurufen. Wenn Sie zum Beispiel im Supermarkt sind und nicht mehr wissen, was Sie einkaufen wollten, dann gehen Sie die Gänge entlang und überlegen Sie, aus welcher Abteilung Sie wohl etwas einkaufen wollten.

Visuelle Suche oder mentales Rückverfolgen

Mithilfe der visuellen Suche kann man dem Gedächtnis ebenfalls auf die Sprünge helfen, vor allem wenn man etwas verlegt hat. Dabei verfolgen Sie die letzten Tätigkeiten im Geiste zurück. Beispiel: Sie finden Ihre Geldbörse nicht mehr. Versuchen Sie sich zu erinnern, wann und wo Sie zuletzt etwas bezahlt hatten. Welche Kleidung hatten Sie zu diesem Zeitpunkt an? Steckt die Geldbörse vielleicht in der Manteltasche?

BEISPIEL

Wo habe ich mein Handy liegen gelassen?

Bevor ich diesen Raum betrat, meldete ich mich in der Rezeption an. Davor saß ich im Auto. Habe ich mein Handy an der Rezeption liegen gelassen? Habe ich es im Auto zurückgelassen? Ich kann mich nicht erinnern, dass ich es mit ins Auto nahm. Also, wo war ich, bevor ich Auto fuhr? Zu Hause. Ich erinnere mich: Ich nahm mein Handy und sperrte die Tür zu. Und als ich ins Auto stieg, steckte ich das Handy ins Handschuhfach. Alles klar, da ist es!

Einbeziehen der Umgebung

Die Erinnerung kommt auch zurück, wenn Sie sich vor Ihrem geistigen Auge die ursprüngliche Umgebung vorstellen. Sie wollen sich zum Beispiel erinnern, was Sie vor zwei Tagen zu Mittag gegessen haben. Wo waren Sie am fraglichen Tag? Wo aßen Sie? Mit wem? Was aßen Sie? Sie erinnern sich.

ZUSAMMENFASSUNG

Zugriffsstrategien unterstützen uns beim Abrufen von Informationen. Manche Informationen braucht man nur kurzzeitig, andere für immer. Es ist wichtig, dass Sie in der jeweiligen Situation die für Sie geeignete Strategie wählen. Es kann einige Zeit dauern, bis die Anwendung von Strategien in Fleisch und Blut übergegangen ist. Und zuerst werden Sie vielleicht etwas ausgebremst. Aber der Aufwand macht sich bald bezahlt.

DAS ÄUSSERE GEDÄCHTNIS VERBESSERN

Wie können wir noch unser Gedächtnis verbessern? Es herrscht ein allgemeines Missverständnis derart, dass man glaubt, die Verwendung von schriftlichen Erinnerungshilfen würde dem Gedächtnis an sich nicht helfen. Forschungen haben das Gegenteil bewiesen. Menschen, die Informationen in strukturierter Form niederschreiben, verbessern Ihr Gedächtnis erfolgreicher als Menschen, die nur „innere Strategien" anwenden. Informationen aufzuschreiben und darüber nachzudenken, scheint der bessere Weg zu sein.

DIE 80 : 20-REGEL

Der italienische Soziologe Vilfredo Pareto (1848–1923) entwickelte eine Theorie, die als Pareto-Prinzip bekannt wurde. Er beobachtete, dass viele Leute 80 Prozent ihrer Zeit für Tätigkeiten aufwenden, die nur 20 Prozent des Ergebnisses bringen.

Er definierte „wichtige Aufgaben", indem er – umgekehrt – postulierte, dass mit 20 Prozent der aufgewendeten Zeit 80 Prozent der Ergebnisse geschaffen werden können.

Wichtige Aufgaben	Nutzen
Terminpläne überarbeiten	Übersicht über Soll-Ist-Status, Prioritäten setzen
kurzfristige Ziele setzen	hilft Prioritäten zu setzen
Pflege wichtiger Kunden	positive Langzeitwirkung, bessere Terminplanung
dringende und wichtige Geschäfte erledigen	schafft Zeit für weitere Projekte

Prioritäten setzen

Durch Setzen von Prioritäten können Sie sich auf die wesentlichen Aufgaben konzentrieren und ein Überladen Ihres Terminkalenders vermeiden. Bilden Sie vier Kategorien:

1 Wichtig und dringend

Aufgaben dieser Kategorie müssen unverzüglich erledigt werden, sie haben die höchste Priorität.

2 Wichtig, aber nicht dringend

Diese Aufgaben sind zwar wichtig, können aber zu einem etwas späteren Zeitpunkt auch noch erledigt werden.

3 Dringend, aber nicht wichtig

Solche Arbeiten sind häufig die Ursache für Störungen. Sie sind oft für andere dringend, aber für Sie nicht wichtig. Hier müssen Sie Nein sagen, delegieren oder andere Termine vereinbaren.

4 Weder dringend noch wichtig

Aufgaben dieser Kategorie können Sie ruhigen Gewissens ignorieren, zumindest bis sie dringend oder wichtig werden.

Wichtig und dringend **Machen!**	Wichtig, aber nicht dringend **Planen!**
Dringend, aber nicht wichtig **Delegieren! Verhandeln!**	Weder dringend noch wichtig **Vergessen!**

ANDERE METHODEN

Strategien anwenden

Hier sind einige Strategien für Ihr äußeres Gedächtnis, die Ihnen helfen werden:

- **planen**
- **sich selbst Ziele setzen**
- **Beziehungen herstellen**
- **effektive Systeme und Prozesse einführen**
- **Schlüsselfähigkeiten entwickeln**

Ordnung in Ihren Akten schafft Ordnung in Ihrem Gehirn.

Dem episodischen Gedächtnis helfen

Mit dem Einsatz eines Terminkalenders oder eines elektronischen Organizers können Sie sehr leicht Ihre Erinnerung unterstützen. Rückblickend betrachtet haben Sie gleichzeitig ein Protokoll gewonnen, was Sie wann und wo gemacht haben. Um mehr Details aufzuzeichnen, können Sie auch ein Tagebuch führen.

Dem semantischen Gedächtnis helfen

Ihr Gedächtnis für Fakten und Informationen lässt sich verbessern, wenn Sie systematisch Namen, Daten, Telefonnummern, Adressen und Besprechungen aufzeichnen. Mit einem kleinen Diktiergerät können Sie Besprechungsprotokolle mitsamt Ihren Kommentaren aufnehmen. Schreiben Sie die Aufzeichnungen ab und legen Sie sich ein Ordnersystem an, in dem Sie bei Bedarf nachschlagen können.

DEN ALLTAG MANAGEN

Die einfachsten Dinge zu vergessen, kann die meisten Nerven kosten: Wir finden unsere Schlüssel nicht mehr, lassen irgendwo unser Handy liegen, vergessen eine Rechnung zu bezahlen, versäumen einen Termin. Wir alle leiden unter solchen Alltagsproblemen. Dabei ist Abhilfe gar nicht schwer – mit ein wenig Ordnung und einigen externen Hilfen.

ÜBUNG: VERBESSERN SIE IHRE ORGANISATION

- Gewöhnen Sie sich an, die alltäglichen Dinge immer an denselben Platz zu legen. Beispiel Schlüssel: Benutzen Sie ein Schlüsselbrett in Türnähe und hängen Sie stets Ihre Schlüssel dort auf.
- Legen Sie für Rechnungen, Kontoauszüge, Steuermitteilungen usw. eigene Ordner an. Das schafft Ihnen einen schnellen Überblick, was erledigt und was noch offen ist.
- Legen Sie Checklisten für alle anstehenden Arbeiten an und setzen Sie Prioritäten. Erledigte Arbeiten haken Sie ab.
- Denken Sie schon am Abend nach, was Sie am nächsten Tag brauchen, und legen Sie sich alles zurecht. Bevor Sie das Haus morgens verlassen, prüfen Sie anhand einer Liste, ob Sie alles haben.
- Wenn Sie verreisen, schreiben Sie sich die Route vorher auf und nehmen den Plan mit.
- Schreiben Sie sich Telefonanrufe und Nachrichten vom Anrufbeantworter auf einen Notizblock.
- Verwenden Sie einen Wandkalender, um wichtige Termine, Verabredungen usw. einzutragen.
- Führen Sie ein Tagebuch sowohl für die kommenden als auch für die vergangenen Ereignisse und Tätigkeiten.

MIT STÖRUNGEN UMGEHEN

Wenn wir uns über unsere mangelnde Konzentration beklagen, dann heißt das, dass wir unsere Aufmerksamkeit nicht ungeteilt auf unsere Arbeit richten können, weil wir zu vielen Ablenkungen – externen und internen – ausgesetzt sind. Mit Störungen umgehen zu können ist der Schlüssel zu besserer Aufmerksamkeit.

Externe Störungen

Die Anzahl externer Störungen, die unsere Konzentration ernsthaft gefährden, ist riesig, sowohl im Büro als auch zu Hause. Hierzu gehören Fernseher, Radio, Telefon, das Umgebungslicht, die Raumtemperatur, Stimmen, Verkehrslärm usw. Sie meinen vielleicht, dagegen könnten Sie nichts machen. Weit gefehlt! Einige Störquellen können Sie auf jeden Fall beseitigen:

Schalten Sie den Fernseher aus und Ihre Aufmerksamkeit ein.

- Schalten Sie Radio und Fernseher aus. Belohnen Sie sich selbst mit Ihrer Lieblingssendung am Abend!
- Schalten Sie Ihr Handy ab. Es genügt, wenn Sie ab und zu die Anrufliste Ihres Handys überprüfen.
- Schalten Sie den automatischen E-Mail-Empfang aus. E-Mails gehören in unserer Zeit zu den schlimmsten Störquellen. Es muss genügen, wenn Sie ab und zu den E-Mail-Eingang prüfen.

ÜBUNG: PASSEN SIE IHRE ARBEITSUMGEBUNG AN

Es gibt weitere Dinge, die Sie steuern und regulieren können, vor allem zu Hause:

- Stellen Sie die Raumtemperatur und die Raumbeleuchtung so ein, dass Sie sich absolut wohlfühlen.
- Stellen Sie Ihren Arbeitsplatz so auf, dass Sie vom Umgebungslärm – Verkehrslärm, Telefonklingeln – möglichst wenig gestört werden. Notfalls können mobile Trennwände für etwas Schallschutz sorgen.

Interne Störungen

Sie denken an alles Mögliche – was Sie zu Mittag essen wollen, an die Rechnung, die heute mit der Post kam, was Sie heute Abend machen werden, was Sie zu einer Veranstaltung anziehen werden usw. Dies alles sind störende Gedanken, die sich mit der Information, die Sie eigentlich aufnehmen wollen, überschneiden. Wie oft befinden Sie sich in einer der folgenden Situationen?

- **Sie lesen einen Absatz, wissen aber danach nicht mehr, was Sie gelesen haben.**
- **Sie unterhalten sich mit jemandem und haben am Ende den wesentlichen Punkt vergessen.**
- **Sie fragen nach einem Weg, vergessen aber den größten Teil der Wegbeschreibung.**
- **Sie merken sich den Namen einer vorgestellten Person nicht.**
- **Sie können bei Gesprächen oder bei Vorträgen nicht zuhören.**

Mit internen Störungen umgehen

Es gibt viele Möglichkeiten, mit internen Störungen umzugehen und uns besser zu konzentrieren.

1 Externe Hilfen

Externe Hilfen können Ihren Kopf freimachen. Schreiben Sie alles auf, was Sie heute machen wollen. Neue Aufgaben schreiben Sie dazu. Dann brauchen Sie keine Angst zu haben, etwas zu vergessen. Wenn Sie sich sorgen, konzentrieren Sie sich nicht. Haken Sie die erledigten Dinge ab. Das gibt Ihnen das Gefühl, etwas geschafft zu haben. Das entspannt und fördert die Konzentration.

2 Hören Sie gut zu

Im Unterricht und in der Schule wird vielfach versucht, möglichst alles mitzuschreiben. Wesentlich effizienter ist es jedoch, sich entspannt zurückzulehnen und hinzuhören, was der Vortragende zu sagen hat. Dabei stellt man sich das Gesagte bildlich vor. Wenn möglich, sollten Sie sich das Manuskript des Dozenten geben lassen. Dann können Sie wirklich in Ruhe zuhören. Den meisten Unterrichtsstoff gibt es in gedruckter Form, sodass er immer nachgelesen werden kann. Das Entscheidende für Ihr Gedächtnis ist, dass Sie vor allem zuhören.

3 Erstellen Sie einen Zeitplan – aber mit Pausen

Wenn Sie an größeren Projekten arbeiten oder sich auf Prüfungen vorbereiten, sollten Sie einen Zeitplan erstellen. Das tägliche Pensum sollte innerhalb der regulären Arbeitszeit liegen und durch fest eingeplante Pausen unterbrochen werden. Darüber hinaus sollten Sie die Abende und Wochenenden freihalten. So vermeiden Sie ermüdende Arbeit rund um die Uhr, was Ihrer Konzentration sehr abträglich wäre.

4 Machen Sie Ihren Kopf frei

Vor sehr wichtigen Aufgaben sollten Sie versuchen, „klarschiff" zu machen und alle anderen Arbeiten beiseitezuschieben oder zumindest auf die erste Stunde des Arbeitstags zu beschränken. Dann können Sie Ihren Kopf von möglichen Ablenkungen befreien. Sagen Sie Nein zu jeglichen anderen Aufgaben oder Störungen. (Siehe auch Schritt 9, wo gezeigt wird, wie man durch eine gesündere Lebensweise die Konzentration steigern kann.)

5 Denken Sie positiv

Die Konzentration fällt umso schwerer, je langweiliger Sie eine Aufgabe finden. Aber die meisten Dinge sind gar nicht so langweilig, wie Sie vielleicht meinen. Gehen Sie positiv an die Aufgabe heran und versuchen Sie, ihr eine interessante Seite abzugewinnen. Freuen Sie sich, dass Sie etwas dazulernen. Dann fällt Ihnen die Arbeit viel leichter.

Nichts ist so langweilig wie Sie vielleicht meinen.

TIPPS ZUR SELBSTORGANISATION

Planen Sie die nächste Woche

Sie sollten schon am Freitagnachmittag über die Folgewoche nachdenken. Schreiben Sie auf, was Sie in der Arbeit, zu Hause usw. erledigen wollen. Setzen Sie Prioritäten und seien Sie bei der Schätzung des Aufwands realistisch. Stellen Sie Ihre Aufgaben der verfügbaren Zeit gegenüber und machen Sie das Beste aus Ihrer Zeit. Eine Liste, die Sie am Ende der Woche schreiben, befreit das Wochenende über Ihren Kopf. Sie können entspannen und wissen, dass Sie alles im Griff haben. Am Montag wissen Sie dann, dass Sie in der Lage sein werden, alle Vorhaben zu erledigen, und dass Sie nichts vergessen werden.

Planen Sie den nächsten Tag

Sie können dieses System ausdehnen und einen Plan für jeden Tag anlegen. Versuchen Sie, alle Punkte vor Tagesende abzuhaken, um den Abend entspannt zu genießen.

Verwenden Sie einen Kalender

Hängen Sie sich zu Hause einen großen Kalender (Wochen- oder Monatskalender) an die Wand. Tragen Sie alle Ihre geplanten Arbeiten, Verabredungen usw. entsprechend der Termine und Uhrzeiten ein. So haben Sie stets einen Überblick und können nichts vergessen.

Mo	Di	Mi	Do	Fr	Sa	So
		1 Konferenz planen 15:30 h	2 Malkurs	3	4 Eltern besuchen	5
6	7	8	9 Malkurs	10	11	12 Mamas Geburtstag
13	14 Schuljahr beginnt	15	16 Malkurs	17 Zahnarzt 14 h	18	19 Tennis 14 h
20 Steuerbescheid bezahlen	21	22 Bericht fertigstellen	23 Malkurs	24	25 Tagesausflug	26
27	28 Steuerberater anrufen	29	30 Malkurs			

Bereiten Sie sich auf den Montagmorgen vor.

Verwenden Sie ein Notizbuch

Wenn Sie morgens mit allerlei Gedanken im Kopf aufwachen, sollten Sie diese in einem Notizbuch festzuhalten versuchen. Am besten nehmen Sie ein auffälliges, buntes Notizbuch, das Sie nicht so leicht übersehen. Versehen Sie alle Einträge mit einem Datum, das Ihnen beim Nachschlagen sehr nützlich sein wird.

Zahlen Sie Ihre Rechnungen

Eingehende Rechnungen werden häufig wochenlang übersehen und landen irgendwo in einem Papierstapel, bis irgendwann eine Mahnung eintrifft. Legen Sie sich für unbezahlte Rechnungen einen eigenen Eingangskorb an, um einen ständigen Überblick zu haben. Zahlen Sie jede Rechnung so bald wie möglich und schreiben Sie Datum und Art der Zahlung auf. Die bezahlten Rechnungen können Sie dann entsprechend Ihrem Ablagesystem, zum Beispiel mit den Kontoauszügen, abheften.

Ordnen Sie Ihre Dokumente

Falls Sie selbstständig sind, ist es zum Beispiel sinnvoll, ähnliche Ablagesysteme für Zahlungseingänge und Korrespondenz zu führen. Denn nichts nervt mehr, als allen Rechnungen, Briefen, Kontoauszügen usw. eines ganzen Jahrgangs nachjagen zu müssen. Legen Sie für jedes Jahr neue Ordner an und aktualisieren Sie Ihre Ablage in regelmäßigen Abständen. Zusätzlich können Sie mithilfe Ihres PCs und eines Kalkulationsprogramms noch Übersicht gewinnen.

SCHNELLÜBERSICHT: ALLTAGSSITUATIONEN

Es gibt bestimmte Situationen, in die man immer wieder kommt: Man ist im Büro, man bereitet sich auf Prüfungen vor, man arbeitet zu Hause, man schlägt sich mit den täglichen Gedächtnisproblemen herum – vielleicht weil man älter wird. In diesem Schritt beschreiben wir einige häufige Szenarien und geben Ratschläge, wie man mit den Problemen umgeht.

Bei der Arbeit

Das mit Abstand größte Hindernis ein Projekt abzuschließen, ist die Anzahl anderer Herausforderungen, denen wir uns täglich gegenübersehen. Die eine Aufgabe wird gebremst, weil in anderen Bereichen Notsituationen auftreten, und oft hat man das Gefühl, nur noch Krisenmanagement zu betreiben. Wenn Sie sich jedoch auf Ihre eigenen Ziele konzentrieren und mit Störungen umzugehen lernen, werden Sie in jeder Hinsicht effizienter arbeiten und dabei weniger Stress haben. Und dies wird sich auf Ihr Gedächtnis und auf Ihr Wohlbefinden insgesamt auswirken.

Die Ziele erreichen

Zuerst sollten Sie versuchen, Ihre eigenen Ziele, die Sie sich für den Tag und für die Woche gesetzt haben, zu erreichen. Nachfolgend sind zwei Fallstudien beschrieben.

Wie man Feuer im Büro löscht.

FALLSTUDIE A

Peter ist stets beschäftigt. Jeden Abend, wenn er von der Arbeit heimkommt, meint er, sehr wenig erreicht zu haben. Er ist müde und frustriert, weil er das Gefühl hat, von den Wünschen und Forderungen anderer Leute getrieben zu werden. Darunter leidet der erfolgreiche Abschluss seiner eigenen täglichen Aufgaben.

Das Problem
Peter hat für seine täglichen Arbeiten keine Prioritäten gesetzt, sondern lässt sich von den Prioritäten der anderen treiben, das heißt, er reagiert anstatt agiert und spielt „Feuerwehr" für andere.

Die Lösung
Dieses Verhaltensmuster ist Ihnen vielleicht bekannt. Peter kann zwei Dinge ändern, um sich selbst besser zu managen und sich auf seine eigenen Ziele zu konzentrieren:

1 Prioritäten setzen
Hiermit kann Peter sich auf die Aufgaben konzentrieren, die für seinen Erfolg entscheidend sind, und kann damit seinen Terminplan von Unwichtigem befreien.

2 Anwenden der 80 : 20-Regel
Peter sollte einige Zeit für die Einführung von Strategien einplanen: planen, Ziele setzen, Beziehungen aufbauen, effektive Prozesse einführen, Schlüsselfähigkeiten weiterentwickeln. Dann wird er bald feststellen, dass seine Arbeiten reibungsloser von der Hand gehen und dass er Zeit gewinnt, um auch plötzlich auftauchende Ad-hoc-Probleme zu lösen.

Mit Störungen im Büro umgehen

Viele Menschen arbeiten heute in Großraumbüros, die zwar durchaus ihre Vorteile haben. Mit dieser Arbeitsumgebung umzugehen muss jedocherst gelernt werden. Hinzu kommen E-Mails, Faxe, Telefonanrufe usw., sodass man manchmal das Gefühl hat, man komme überhaupt nie zu seiner eigenen Arbeit. Wie kann man in einer solchen Umgebung seine eigene Leistung optimieren und sich vor Störungen schützen? Hierzu die Fallstudie B.

Schützen Sie Ihren Arbeitsplatz gegen Störungen!

FALLSTUDIE B

Die fleißige Janine ist bei einer Versicherung angestellt und sitzt in einem Vier-Personen-Abteil eines Großraumbüros. An ihrem Schreibtisch führt der Gang vorbei, gegenüber von ihr sitzt eine Kollegin.

Das Problem

Für Janine ist es schwierig, längere Zeit an ihrer Arbeit zu bleiben. Leute, die den Gang entlangkommen, sagen oft Hallo. Ihre Kollegin gegenüber fragt lieber Janine, bevor sie selbst nachdenkt. Aus dem Nachbarabteil hört man die Telefongespräche mit. Dies alles beeinträchtigt Janines Konzentration.

Die Lösung

Es gibt mehrere Maßnahmen, mit denen Sie eine Situation wie die von Janine verbessern können.

- Stellen Sie Ihren Schreibtisch so, dass Sie mit dem Rücken zum Gang sitzen. Dann werden Sie von Leuten auf dem Gang weniger oft angesprochen. Gleichzeitig sitzen Sie Ihrer Kollegin nicht mehr frontal gegenüber.
- Vereinbaren Sie feste Termine für Fragen Ihrer Kollegin.
- Wenn möglich, sorgen Sie mit höheren Trennwänden zwischen den Abteilen für besseren Schallschutz.
- Schalten Sie Ihre E-Mail-Automatik ab. Drei Mal täglich nach den E-Mails zu schauen, reicht aus.
- Beschränken Sie – und möglichst auch Ihre unmittelbaren Kollegen – Telefongespräche auf bestimmte Zeitfenster.
- Fassen Sie mehrere Rückrufe zu Blöcken zusammen.

DIE TÄGLICHEN GEDÄCHTNISPROBLEME

Zu derartigen Problemen gehören das Vergessen von Namen und Nummern, das Verlegen von Gegenständen, die fehlende Erinnerung an ein Datum, nicht mehr zu wissen, warum man einen Raum betreten hat usw. Die gute Nachricht dabei ist, dass fast jeder unter solchen Problemen leidet und dass sie mit etwas Übung tatsächlich sehr leicht zu beheben sind.

Sich an Namen erinnern

Viele Leute glauben, sie hätten ein schlechtes Gedächtnis, weil sie sich keine Namen merken können. Wenn Sie dazu gehören, seien Sie beruhigt, Sie sind nicht allein. Zunächst einmal sind Namen etwas sehr Abstraktes ohne „Marke". Manche Namen können wir uns besser merken als andere. Der Grund ist folgender: Namen wie Wien, Fliege oder Rose kann man sich beispielsweise leichter merken als Namen wie Meyer, Krause oder Schmidt, weil sie einerseits ungewöhnlicher sind und andererseits mit „Bildern" – Stadt, Insekt, Blume – assoziiert werden. Wenn Ihnen jemand vorgestellt wird, gehen Sie so vor:

- Hören Sie genau auf den Namen.
- Sprechen Sie den Namen aus: „Freut mich, Herr Meyer!"
- Wiederholen Sie den Namen, um ihn im Gedächtnis zu festigen: „Herr Meyer, was machen Sie beruflich?"
- Visualisieren Sie den Namen vor Ihrem geistigen Auge, etwa indem Sie sich die einzelnen Buchstaben vorstellen.
- Wenn möglich, assoziieren Sie den Namen mit irgendeiner Eigenschaft der Person, zum Beispiel wo sie herkommt oder ob sie eine Brille trägt. Dies unterstützt die Erinnerung vor allem, wenn Sie die Person ein anderes Mal wiedersehen.
- Gut ist auch, sich die Person in einer fantasievollen Umgebung vorzustellen, zum Beispiel auf einem Berg sitzend und die Brille putzend.

Wie Sie sich an Herrn Meyer erinnern

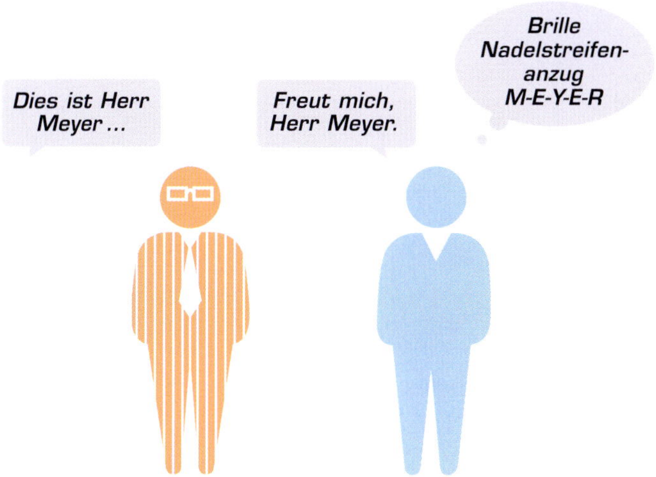

Zahlen und Daten merken

Dies ist ein weiteres Alltagsproblem. Um sich ein Datum zu merken, führen Sie am besten einen Terminkalender. Bei wichtigen Zahlen versuchen Sie Folgendes:

- **Gliedern Sie die Zahl in Gruppen auf.**
- **Visualisieren Sie die (aufgeschriebenen) Zahlen.**
- **Beachten Sie die Trennzeichen zwischen den Ziffern (bei Telefonnummern oder Rechnungen).**
- **Wenden Sie die Wiederholungsübungen aus Schritt 6 an.**

Sie müssen sich nicht an jede Nummer erinnern. Auch diese Methoden sind natürlich erlaubt und empfehlenswert:

- **Nummern in einem Notizbuch aufschreiben**
- **Telefonnummern im Handy speichern**

Die alltäglichen Gegenstände nicht verlieren

Gewöhnen Sie sich Disziplin an, und legen Sie Ihre Sachen immer am selben Ort ab. Wenn Sie dennoch etwas verlieren, finden Sie es auf diese Weise wieder:

- **Erinnern Sie sich, wann Sie es zuletzt hatten.**
- **Visualisieren Sie, was Sie damit zuletzt gemacht haben.**
- **Sehen Sie dort nach, wo Sie es vielleicht liegen gelassen haben.**

Sich erinnern, warum Sie einen Raum betreten haben

Gehen Sie folgendermaßen vor:

- **Konzentrieren Sie sich und lassen Sie sich nicht ablenken.**
- **Gehen Sie im Geist die letzten Minuten noch einmal durch.**
- **Gehen Sie dorthin zurück, wo Sie herkamen. Im ursprünglichen Umfeld wird Ihr Gedächtnis angeregt.**

„Mir liegt es auf der Zunge“

Wir alle kennen dieses Phänomen. Es kann sich um den Namen einer berühmten Persönlichkeit handeln, um eine Figur in einem Buch oder um einen Ort. Wir können uns momentan einfach nicht erinnern. Versuchen Sie Folgendes:

- **Gehen Sie dem Alphabet nach alle Wörter oder Namen mit dem entsprechenden Anfangsbuchstaben durch.**
- **Überlegen Sie, welche Attribute Ihnen zu dem Namen einfallen.**
- **Entspannen Sie sich. Stress blockiert Ihr Gehirn.**
- **Stellen Sie sich die Person bildlich vor. Wie sieht sie aus? Ihr geistiges Auge hilft Ihnen.**

Weswegen bin ich hier hereingekommen?

Sich unterwegs zurechtfinden

Vor Antritt einer Fahrt an einen noch unbekannten Ort nehmen Sie sich etwas Zeit:

- **Nehmen Sie eine Landkarte und planen Sie den Weg.**
- **Stellen Sie sich im Kopf die Route genau vor, sodass Sie nicht unterwegs anhalten und die Karte studieren müssen.**
- **Markieren Sie auf der Karte Ihren Zielort, damit Sie ihn – falls Sie doch nachschauen müssen – schnell finden.**
- **Schreiben Sie wichtige „Kontrollpunkte" wie Abzweigungen, Ortschaften oder auch Straßennummern auf.**

Wenn Sie jemanden um eine Wegbeschreibung bitten:

- **Hören Sie genau zu. Konzentrieren Sie sich auf die Worte des anderen, nicht auf seine Kleidung oder Ähnliches.**
- **Visualisieren Sie das Gesagte.**
- **Fassen Sie die Wegbeschreibung zur Kontrolle zusammen – „... also geradeaus, dann die zweite Querstraße rechts ..."**
- **Bevor Sie losfahren, sprechen Sie die Wegbeschreibung noch einmal sich selbst vor.**
- **Wenn der andere zu schnell oder nicht deutlich spricht, bestätigen Sie jeden einzelnen Schritt.**

AUF PRÜFUNGEN VORBEREITEN

Prüfungen können jedem Angst einjagen. Und gerade wenn wir unser Gedächtnis am dringendsten brauchen, lässt es uns im Stich. Wir verpatzen die Prüfung, obwohl wir bestens hätten bestehen können. Aber die Art und Weise, wie wir uns vorbereiten, hat enormen Einfluss auf unsere Leistung in der Prüfung.

FALLSTUDIE C

Susanne war in Prüfungen noch nie gut. Sie wiederholt den Stoff erst in den letzten beiden Wochen vor der Prüfung, weil sie glaubt, alles wieder zu vergessen, wenn sie früher mit der Wiederholung beginnen würde. Am Ende aber gerät sie in Panik, weil sie noch so viel lernen muss. Und Vieles, was sie in ihren Unterlagen liest, dringt nicht wirklich ein. Sie arbeitet rund um die Uhr, trinkt Unmengen Kaffee und versucht wach zu bleiben. Jede Pause bereitet ihr ein schlechtes Gewissen. Sie geht gestresst in die Prüfung, fühlt sich unvorbereitet, setzt sich hin und hat einen leeren Kopf. Sie kommt zu der Überzeugung, sie sei einfach nicht gut genug.

FALLSTUDIE D

Dirk kommt mit Prüfungen gut zurecht. Er macht sich einen langfristigen Zeitplan und hält sich die Abende und Wochenenden frei. Er übt täglich und lebt gesund. Er lernt gemeinsam mit Studienkollegen, fasst seine Notizen zusammen und visualisiert sie. Am Tag der Prüfung ist er ausgeruht – er hat gut geschlafen. Er ist gut vorbereitet und kann sich konzentrieren. Er hat den Stoff verinnerlicht und kann ihn auf die Prüfungsfragen anwenden.

Erfolgreiches Wiederholen

Die Fallstudien C und D zeigen zwei unterschiedliche Ansätze, sich auf eine Prüfung vorzubereiten, – und unterschiedliche Erfolge.

ZUSAMMENFASSUNG

Dirks Vorbereitung ist wesentlich effizienter als Susannes. Folgen Sie seinem Beispiel und gehen Sie nach diesem Plan vor:

- Sorgen Sie dafür, dass Sie alle Unterrichtsstunden und Vorträge mitbekommen. Hören Sie gut zu und stellen Sie Fragen. Durch Fragen werden nicht nur Unklarheiten beseitigt, sondern die Informationen werden auch besser verarbeitet und gespeichert.
- Vor Beginn der Wiederholungen sollten Sie einen Zeitplan erstellen – und ihn einhalten. Planen Sie ausreichend Zeit für Ruhephasen und Pausen ein.
- Lesen Sie den Stoff zu einem bestimmten Thema, und fassen Sie dann die wesentlichen Punkte zusammen.
- Mit zusätzlicher Lektüre zu Ihren Unterlagen runden Sie einen Themenbereich ab, machen diesen interessanter, verbinden ihn mit angrenzenden Themen und machen so das Erlernte für das Gedächtnis besser zugänglich.
- Legen Sie sich hin, schließen Sie die Augen und bemühen Sie sich, den Stoff zu verstehen. Sie sollten auch mit anderen Studenten darüber diskutieren. Solange Sie etwas nicht wirklich verstanden haben, können Sie es in der Prüfung kaum reproduzieren.
- Um sich Formeln, Zitate oder Ähnliches zu merken, sollten Sie sich Gedächtnisstützen zurechtlegen, siehe Schritt 6.
- Unmittelbar vor der Prüfung gehen Sie die Hauptpunkte der Reihe nach im Geiste durch. In der Prüfung „sehen“ Sie diese dann vor sich und können Ihre Antworten daran ausrichten.
- Essen Sie gut und schlafen Sie ausreichend, denn Ihr physisches Befinden ist sehr wichtig.

WENN MAN ÄLTER WIRD

Mit zunehmendem Alter kommen Aussetzer des Gedächtnisses öfter vor. Körper und Gehirn ändern sich. Allgemeine Erinnerungsprobleme können häufiger auftreten. Ebenso können verminderte Sehkraft und schlechteres Gehör die Gedächtnisleistung beeinflussen. Und nicht zuletzt nimmt die Geschwindigkeit, mit der wir Informationen verarbeiten, ab: Wir werden weniger flexibel.

Die Fähigkeit, neue Informationen aufzunehmen und wieder abzurufen, ist in besonderem Maße vom Alterungsprozess betroffen. Im Allgemeinen machen die Probleme sich nur milde oder nur gelegentlich bemerkbar. Aber sie können Ängste, Frustration und das Gefühl von Verlorenheit auslösen. Allein schon das Verständnis hierfür kann enorm helfen.

Ihr allgemeiner Gesundheitszustand

Wenn Sie spüren, dass Ihr Gedächtnis schwindet und Sie besorgt eine Krankheit dahinter vermuten, können die folgenden Vorschläge helfen, Sie zu beruhigen.

- Sprechen Sie mit Freunden über Ihr Gedächtnis. Sie werden überall ähnliche Besorgnis vorfinden.
- Geraten Sie nicht in Panik, wenn Sie irgendwo etwas über Alzheimer lesen. Die mit dieser Krankheit einhergehenden Gedächtnisverluste sind völlig anderer Art.
- Lassen Sie Ihre Sehschärfe vom Augenarzt überprüfen und tragen Sie bei Bedarf eine Brille.
- Unterziehen Sie sich einem Hörtest. Scheuen Sie sich nicht, eine Hörhilfe zu tragen. Sie erhöht Ihre Lebensqualität entscheidend – und Ihre Mitmenschen werden es Ihnen danken.
- Vielerorts gibt es Diagnosezentren, die Sie aufsuchen können. Auch wenn dies in 90 Prozent aller Fälle unnötig ist, kann es sehr beruhigen und Ihren Kopf freimachen.
- Wenn Sie sich dann immer noch Sorgen machen, lassen Sie sich von Ihrem Arzt gründlich untersuchen.

ÜBUNG: STRATEGIEN ANWENDEN

Hier sind einige Strategievorschläge für Ihr Gedächtnis:

- Legen Sie einen Notizblock neben Ihr Telefon und halten Sie darin die Anrufe und Nachrichten fest.
- Scheuen Sie sich nicht, möglichst viel aufzuschreiben.
- Legen Sie Dinge wie Schlüssel oder Brille stets an denselben Platz – und nur an diesen Platz.
- Die Brille kann man auch an einer Kordel um den Hals hängen.
- Notieren Sie Verabredungen in einem Wandkalender und gewöhnen Sie sich an, täglich auf den Kalender zu schauen.
- Führen Sie ein Tagebuch für Verabredungen und zum Nachschlagen, was Sie in der Vergangenheit gemacht haben.
- Führen Sie eine Aufgabenliste, die Sie nach Erledigung abhaken können.
- Ein kleines Diktiergerät hilft Ihnen, spontan Notizen aufzunehmen.
- Wenn Sie verreisen, notieren Sie sich vorher den Streckenverlauf mit markanten Zwischenzielen.
- Wenn Sie regelmäßig Medizin einnehmen müssen, richten Sie sich eine Pillendose mit einer abgezählten Wochenration ein.

Solche Verhaltensweisen und Angewohnheiten unterstützen Ihr Erinnerungsvermögen und befreien Sie von irgendwelchen Ängsten. Bei Stress sollten Sie sich einfach entspannen indem Sie Atemübungen machen. Oder Sie hören entspannende Musik, nehmen ein warmes Bad mit Duftöl, arbeiten im Garten oder gehen einfach spazieren. Schließlich ist es sehr wichtig,

- sich physisch gesund zu halten und vernünftig zu essen.
- geistig aktiv zu bleiben, zum Beispiel durch Diskussionen, Kreuzworträtsel oder andere Denkspiele.

DIE LEBENSWEISE ÄNDERN

Ein absolut gesunder Lebensstil ist in unserer realen Welt kaum zu verwirklichen. Wir werden regelmäßig verführt, Dinge zu tun, die nicht unbedingt gut für uns sind. Zum Beispiel trinken wir alle gelegentlich zu viel Alkohol oder essen zu viel Fettes oder Süßes. Und mit dem physischen Wohlbefinden leidet – Hand in Hand – auch unser mentales. Das heißt, was wir essen und wie wir leben, wirkt sich unmittelbar auf unsere Gedächtnisleistung aus.

Seien Sie realistisch

Man kommt nicht an der Tatsache vorbei, dass eine gestärkte Gesundheit das Allgemeinbefinden verbessert und dass dies Auswirkungen auf Gedächtnis und Konzentration hat. Wenn wir uns zumindest dessen bewusst sind, welchen Einfluss die unterschiedlichen Lebensweisen haben, dann verstehen wir auch, warum wir vielleicht Probleme haben, und dann können wir etwas dagegen tun. Wir sollten uns also um eine gesündere Lebensweise bemühen und uns freuen, wenn uns dies gelingt.

Körper und Geist trainieren

In diesem Schritt betrachten wir Lebensgewohnheiten und ihren Einfluss auf unser Gedächtnis. Ein besseres Verständnis dieses Bereichs wird Ihnen zu einem – anhaltend – leistungsfähigeren Gedächtnis verhelfen. Körper und Geist profitieren von regelmäßigen Stimulanzien. Wenn man sie vernachlässigt, funktionieren sie schlechter und irgendwann vielleicht gar nicht mehr. Sie sollten ein physisches und mentales Trainingsniveau anstreben, auf dem Sie sich dauerhaft wohlfühlen.

Mentale Übungen

Mentale Übungen halten das Gehirn aktiv und gesund. Sie helfen, bestimmte chemische Substanzen freizugeben, die für das Immunsystem notwendig sind und somit das Gehirn vor Krankheiten schützen. Durch intellektuelle Herausforderungen kann sogar das Wachstum neuer Gehirnzellen angeregt werden.

Gehirntraining ist in allen Altersstufen, vor allem aber in höherem Alter empfehlenswert. Wenn Ihr Alltag nicht für ausreichende mentale Anregungen sorgt, versuchen Sie es hiermit:

Trainieren Sie täglich Ihren Geist.

- **Lösen Sie Kreuzworträtsel.**
- **Setzen Sie Puzzlespiele zusammen.**
- **Spielen Sie Schach.**
- **Spielen Sie Karten (Skat, Rommé, Bridge o. Ä.).**
- **Lesen Sie viel.**
- **Gehen Sie unter die Leute und diskutieren Sie mit.**
- **Besuchen Sie Kurse (Volkshochschule o. Ä.).**

Einige dieser Aktivitäten sind auch aus sozialer Sicht empfehlenswert. Unter anderen Leuten zu sein, hilft, Probleme wie Einsamkeit, Stress oder Depressionen zu vermeiden.

Körperliche Übungen

Solche Übungen sind für einen gesunden Blutzuckerpegel wichtig. Sie geben auch chemische Substanzen im Gehirn frei, welche die Gedächtnisfunktionen anregen. Körperliches Training hilft uns, mit Stress besser fertigzuwerden und gesund zu bleiben, was wiederum dem Gehirn zugutekommt. Wenn Sie sich gerne körperlich ausarbeiten oder drei Mal in der Woche zum Schwimmen gehen, haben Sie kein Problem. Ansonsten sind hier ein paar Übungen für Sie:

- **Gehen Sie kurze Entfernungen zu Fuß, anstatt mit dem Auto zu fahren.**
- **Verzichten sie auf den Aufzug, gehen Sie die Treppe hoch.**
- **Schließen Sie sich einem Fitness- oder Tanzklub an.**
- **Laufen Sie in der Mittagspause, anstatt am Schreibtisch zu lsitzen.**
- **Treiben Sie Sport, animieren Sie Ihre Freunde.**

Treppe anstatt Aufzug! Gesundheit und Gedächtnis danken es Ihnen.

GUT SCHLAFEN

Es ist allgemein bekannt, dass Schlaf für das Wohlbefinden äußerst wichtig ist. Ein paar schlafarme Nächte müssen deswegen noch kein Problem darstellen. Aber Sie sollten darauf achten, dass Sie insgesamt ausreichend schlafen – im Interesse Ihres Gedächtnisses. Ironischerweise bewirkt zu viel Schlaf denselben Effekt wie zu wenig Schlaf. Der Mittelweg ist wichtig!

Auswirkungen von Schlafmangel

Über kurze Zeit hinweg kann man mit wenig Schlaf relativ gut auskommen. Man wird jedoch auch feststellen, dass das Gedächtnis nachlässt und dass man Informationen schwerer aufnimmt. Schläfrigkeit im Wachzustand beeinträchtigt die Gedächtnisfunktionen. Unterschiedliche Studien an Patienten mit krankhaften, zum Teil exzessiven Schlafstörungen belegen die negativen Auswirkungen auf das Gedächtnis.

Viele Studien zeigen einen direkten Zusammenhang zwischen Gedächtnisfehlfunktionen und dem Grad der Schläfrigkeit. Viele ansonsten gesunde Menschen bringen sich selbst um den notwendigen Schlaf mit der Folge, dass sie müde sind, sich schlecht entscheiden können und höhere Unfallrisiken eingehen. Schlafmangel beeinträchtigt auch die Aufnahme von Glukose, die bekanntermaßen für ein gutes Gedächtnis wichtig ist. Chronischer Schlafmangel begünstigt auch Volkskrankheiten wie Diabetes, Bluthochdruck, Fettleibigkeit und Gedächtnisverlust.

Andere Studien haben nachgewiesen, dass gut ausgeschlafene Schulkinder bessere Leistungen erbringen. Ebenso werden prozedurale Fähigkeiten (mechanische Routinen) besser erlernt, wenn man ein gutes Schlafverhalten zeigt. Sie werden sich besser erinnern und viel mehr leisten, wenn Sie ausgeschlafen sind, anstatt die ganze Nacht mit Lernen verbracht zu haben.

Ihre innere Uhr

Mit guten Schlafgewohnheiten können wir leichter in Einklang mit unserem natürlichen Körperrhythmus leben. Unsere innere Uhr reagiert auf die natürlichen Tageszyklen wie Licht und Dunkelheit. Deswegen fällt es uns leichter, an einem hellen Sommermorgen aufzustehen, und wir werden mit der Dunkelheit des Winterabends früher müde. Unser Körper funktioniert besser, wenn wir den täglichen Rhythmus einhalten, wenngleich dies zu befolgen sicherlich nicht immer leicht ist.

Träume und Gedächtnis

Es gibt fünf Schlafphasen. Die tiefste und aktivste ist der so genannte REM-Schlaf (Rapid Eye Movement), in dem sich die Augäpfel schnell bewegen. In dieser Phase sind Gehirn und Körper aktiv, Herzfrequenz und Blutdruck steigen.

Der REM-Schlaf ist oft mit Träumen verbunden und Träumen scheint bei der Konsolidierung des Gedächtnisses zu helfen. Dabei werden Gedanken, Ängste usw. aus dem Wachzustand aufgearbeitet. Ebenso schafft der REM-Schlaf Platz für Kreativität, Fantasie und analytisches Denken.

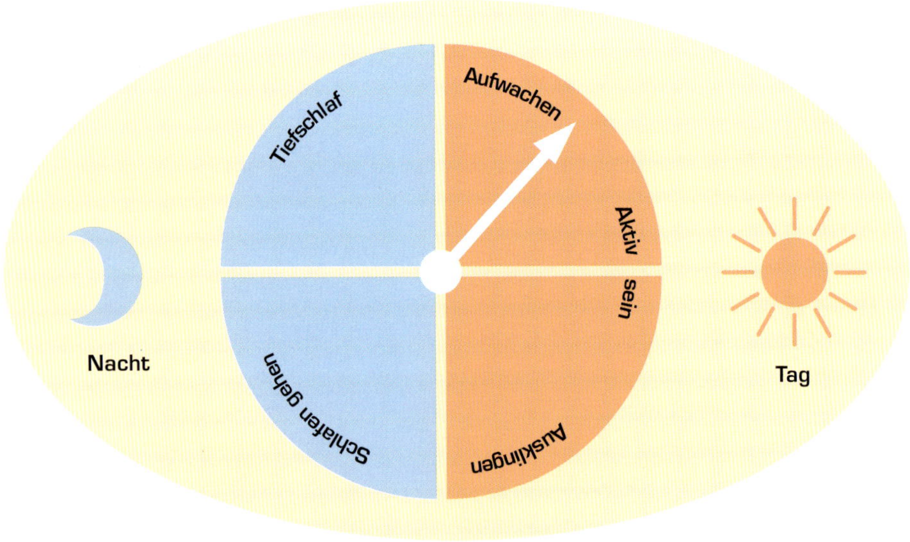

Mit dem „Jetlag“ fertigwerden

Der so genannte „Jetlag“ ist eine häufige Ursache für Gedächtnisprobleme. Er tritt auf, wenn man im Flugzeug mehrere Zeitzonen überfliegt und den natürlichen Tagesrhythmus – morgens aufwachen, abends schlafen gehen – stört. Die Folge sind Erschöpftheit, Orientierungsmangel und Schlafstörungen. Nach jüngsten Untersuchungen nimmt man an, dass Menschen, die regelmäßig unter Jetlag leiden, permanente Störungen des Gehirns befürchten müssen. Im Allgemeinen sind Frauen mehr betroffen als Männer. Hier sind ein paar Tipps fürs Fliegen:

Der Jetlag stört die innere Uhr.

- **Nur leichtes Essen zu sich nehmen, aber viel Wasser trinken.**
- **So viel wie möglich entspannen (Entspannungsübungen).**
- **Versuchen Sie zu schlafen, anstatt Filme anzusehen.**
- **Keine Schlafmittel einnehmen. Schlaftabletten beeinträchtigen die Gehirnfunktionen.**

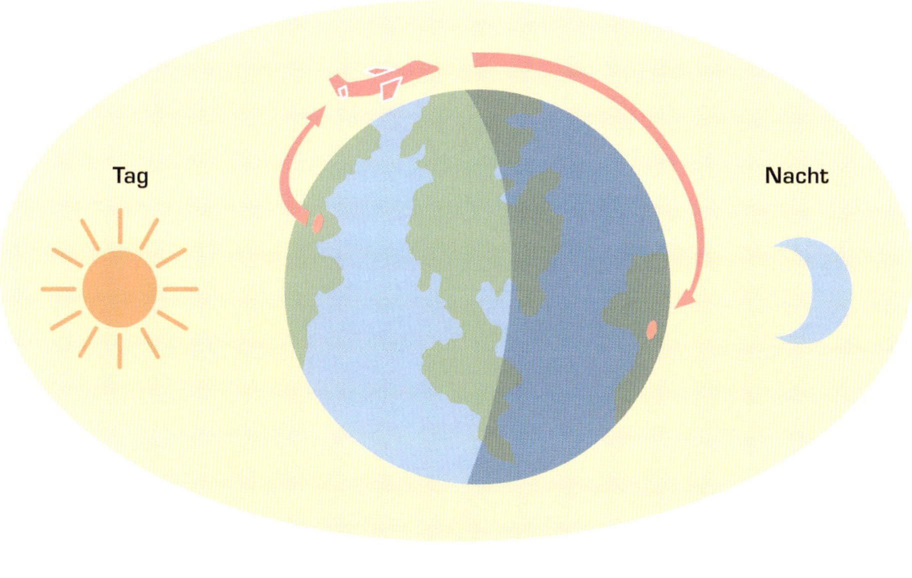

Zehn Tipps für einen guten Schaf

Die folgenden zehn einfachen Ratschläge können Ihnen vielleicht helfen, Schlafstörungen wesentlich zu mildern. Beachten Sie aber, dass es sich nur um Tipps handelt – welche für Sie geeignet sind, müssen Sie selbst herausfinden.

Was stört Ihren Schlaf?

1 Gewöhnen Sie sich beim Schlafengehen und Aufstehen einen konstanten Tagesrhythmus an. Egal, ob Sie sechs, acht oder zehn Stunden schlafen, achten Sie auf konstante Zeiten.

2 Während Sie einen konstanten Tagesrhythmus einüben, versuchen Sie nicht, mit Gewalt schlafen zu wollen. Stehen Sie immer zur selben Zeit auf und gehen Sie zu Bett, wenn Sie müde sind. Sie werden nach einigen Tagen feststellen, dass sich die Uhrzeit, zu der Sie müde werden, einpendelt.

3 Vermeiden Sie abends koffeinhaltige Getränke. Die meisten Leute wissen zwar, dass Kaffee viel Koffein enthält, sind sich aber nicht bewusst, dass auch Tee, Cola- und andere Getränke reichlich Koffein enthalten können.

4 Trinken Sie nicht übermäßig Alkohol. Alkohol wirkt dämpfend auf die geistige Regsamkeit und kann unter anderem auch die Schlafzyklen negativ beeinflussen.

5 Planen Sie Ihre Tagesaktivitäten so, dass Sie die anspruchsvolleren Tätigkeiten auf den späten Vormittag und den frühen Nachmittag und das Leichtere auf die Abendstunden legen.

6 Fernsehsendungen und Bücher können den Geist so anregen, dass Sie sich im Bett hin und her wälzen.

7 **Wenn Ihnen noch Dinge durch den Kopf gehen, schreiben Sie diese nieder, bevor Sie ins Bett gehen. Quälende Gedanken schreiben Sie auf einen Notizblock am Bett.**

8 **Vermeiden Sie tagsüber zu schlafen.**

9 **Wenn Sie nach 15 bis 30 Minuten nicht eingeschlafen sind, stehen Sie wieder auf und machen Sie etwas Entspannendes, bis Sie müde sind. Ihr Körper muss lernen, dass das Bett kein Ort ist, um ruhelos Probleme zu wälzen.**

10 **Der Schlafraum ist kein Wohnzimmer. Sie sollten dort weder essen noch fernsehen. Er muss wirklich dem Schlafen vorbehalten bleiben.**

Der Nutzen

Schlafstörungen werden tendenziell geringer, wenn man einen normalen Schlafrhythmus einhält. Wenn Sie sehr beschäftigt sind und manchmal lange arbeiten müssen, sollten Sie dies nicht zur Gewohnheit machen. Setzen Sie Prioritäten, damit Sie öfter ausreichend Schlaf haben. Sie werden sich besser fühlen und mehr leisten. Langfristig werden Sie und Ihr Umfeld davon profitieren.

Wie viel Schlaf brauchen Sie, um fit zu sein?

DIE ESSGEWOHNHEITEN VERBESSERN

Die Mediziner wissen seit Jahren, dass eine gesunde Ernährung und ein gesundes Maß an Körperertüchtigung entscheidend sind, um die Energie zu erhöhen und bestimmten Krankheiten vorzubeugen. Die Essgewohnheiten zu verbessern ist gar nicht so schwierig, wie man glaubt.

Was die Ernährung bewirkt

Es ist heute unbestritten, dass zum Beispiel zu viel Fett für die Gehirnfunktionen schädlich ist und später sogar zu Demenzkrankheiten beitragen kann.

Natürlicher Traubenzucker (Glukose)

Um gut zu funktionieren, braucht das Gehirn natürliche Glukose, die vor allem in Obst und Gemüse vorkommt. Wenn der Glukoseaustausch durch gesättigte Fettsäuren gestört wird, leidet das Gehirn regelrecht an Unterernährung.

Mediterrane Kost

Die Vorzüge der mediterranen Kost, die viel Olivenöl der Qualität „Extra Vergine" enthält, sind heute wohlbekannt. Es scheint, dass die Aufnahme ungesättigter Fettsäuren, wie sie überwiegend in Pflanzenöl und insbesondere in Olivenöl vorkommen, die Zellenstruktur des Gehirns stärkt. Eine derartige Ernährung kann auch altersbedingte Gedächtnisprobleme lindern.

Wichtige Nährstoffe

Die Nährstoffe, die wir mit der Nahrung aufnehmen, halten unser Gehirn fit. Qualitativ hochwertiges Essen liefert den Brennstoff für Gehirn und Gedächtnis.

- Wasser ist wichtig, um den Körper zu reinigen und Schadstoffe abzutransportieren. Und es fördert die Konzentrationsfähigkeit.
- Proteine liefern das „Baumaterial" für das Gehirn und werden gebraucht, um die geistigen Funktionen zu unterstützen. Sie sind in Fleisch, Fisch, Milchprodukten, Bohnen und Getreide enthalten.
- Kohlenhydrate, die in Obst und Gemüse vorkommen, versorgen das Gehirn mit Energie und stabilisieren den Glukose-Pegel.
- Wichtige Fettsäuren werden zur Unterstützung des Gedächtnisses, auch beim Lernen, gebraucht. Fettreiche Fische wie Lachs oder Makrele sowie Nüsse enthalten solche Fettsäuren.

- Vitamine vom Typ B sind für das Gehirn besonders wichtig, weil sie eine Schlüsselrolle bei der Energieproduktion spielen. Sie kommen in Kohl, Eiern, Leber, Kaviar, Linsen und Soja vor.
- Vitamine A, C und E sind Antioxidantien, die das Gedächtnis unterstützen und schützen. Obst und Gemüse enthalten diese Vitamine.

NAHRUNG FÜRS GEDÄCHTNIS

Viel Obst und Gemüse schützen das Gehirn und bewahren ein gutes Gedächtnis. Sogar Gehirnbereiche, die unseren Gemütszustand beeinflussen, profitieren hiervon. Besonders wertvoll sind Beeren, Karotten, Süßkartoffeln, Kresse, Erbsen, fetter Fisch und Bierhefe.

WENIGER ALKOHOL

Alkohol beeinflusst Ihr Gedächtnis. Schon in kleinen Mengen, aber regelmäßig eingenommen beeinträchtigt er die Schärfe Ihres Denkens. Dennoch ist es eine Tatsache, dass die meisten Menschen gerne ein Glas trinken, und Viele unter uns trinken sicherlich zu viel. Alkohol bedeutet Entspannung und tut in manchen Situationen gut. Daher trinken viele Leute nach einem anstrengenden Tag Alkohol. Und wenn man am Abend eine Flasche Wein geöffnet hat, fällt es nur allzu leicht, mehr als ein oder zwei Gläser zu trinken.

Bedenken Sie, dass Alkohol ein Suchtmittel ist. Es ist nicht schwer sich anzugewöhnen, immer ein bisschen zu viel zu trinken. Aber es kann sich zunehmend negativ auf Ihre optimale Gedächtnisleistung auswirken. Wir wollen Ihnen nachfolgend ein paar Tipps geben, wie Sie Ihren Alkoholkonsum auf ein risikoärmeres Niveau reduzieren können.

Wie beeinflusst Alkohol das Gedächtnis?

Alkohol hat einen gewaltigen Einfluss auf das Gedächtnis und auf die Lernfähigkeit. Er wirkt sich auf die Freisetzung chemischer Stoffe (so genannte Glutamate) im Gehirn aus, die wiederum die Fähigkeiten des Gehirns beeinflussen, Erinnerungen zu festigen, insbesondere die Erinnerung an Fakten, Namen oder Telefonnummern. Bereits kleine Mengen an Alkohol beeinträchtigen die Fähigkeit, kleine Informationseinheiten aufzunehmen und auch abzurufen. Ebenso wird das „Mir-liegt-es-auf-der-Zunge-Phänomen“ vom Alkohol begünstigt.

Alkoholmissbrauch

Übermäßiges Trinken oder „sich besaufen“ kann vollständigen Gedächtnisverlust nach sich ziehen und ist extrem gefährlich, wenn man dies regelmäßig tut. Bei Menschen, die über einen längeren Zeitraum exzessiv trinken, kann sich das so genannte Wernicke-Korsakoff-Syndrom entwickeln, eine Demenzform, in der ein irreversibler Gedächtnisverlust eintritt.

Geschlechtsspezifische Unterschiede

Frauen leiden unter der Wirkung von Alkohol mehr als Männer, weil der männliche Körper mehr Wasser enthält und der Alkohol besser wieder ausgeschwemmt wird. Bei Frauen bleibt der Alkohol höher konzentriert und länger im Körper und kann sich daher stärker auf Gedächtnis und Konzentrationsfähigkeit auswirken. Darüber hinaus spielen die Menstruationszyklen und der weibliche Hormonhaushalt eine Rolle, sodass die Wirkung von Alkohol im Verlaufe eines Monats schwankt.

SICHERE ALKOHOLGRENZEN

Wir unterscheiden uns alle in Alter, Größe, Gewicht, Geschlecht usw., und daher muss jeder für sich lernen, was für ihn akzeptabel ist. Hier sind einige Empfehlungen:

- Männer: nicht mehr als 28 Einheiten pro Woche, aber besser nicht mehr als drei pro Tag und wöchentlich zwei alkoholfreie Tage.
- Frauen: nicht mehr als 21 Einheiten pro Woche, aber besser nicht mehr als zwei pro Tag und wöchentlich zwei alkoholfreie Tage.
- Schwangere: überhaupt kein Alkohol!
- Bei Alkoholabhängigkeit: kein Alkohol.
- Bei Problemen, die durch Alkohol verstärkt werden: kein Alkohol.
- Autofahrer, Radfahrer, während der Arbeit: kein Alkohol.

0,33 Liter kleine Flasche Bier = 1 Einheit

0,1 Liter Glas Wein = 1 Einheit

20 cl Glas Schnaps = 1 Einheit

50 cl Glas Aperitif = 1 Einheit

DER GEFÜRCHTETE KATER

Der schreckliche Kater hat mehrere Ursachen:

- **Giftstoffe**
  Eine Überdosis an Alkohol führt dem Körper schneller Giftstoffe zu, als dieser das Gift abführen kann. Dies hat unerfreuliche Nebenwirkungen wie heftige Kopfschmerzen zur Folge. Die Gifte können auch den Magen angreifen und Übelkeit verursachen.

- **Austrocknen**
  Beim Trinken von Alkohol verliert der Körper mehr Flüssigkeit, als er aufnimmt, was Kopfschmerzen und Schwindelgefühle erzeugt.

- **Ungesunder Schlaf**
  Nach dem Genuss großer Mengen an Alkohol wird der Schlafrhythmus gestört: Die Tiefschlaf- und Traumphase wird unterbunden. Die mangelhafte Schlafqualität verstärkt den Kater, macht müde, schlapp und allgemein reizbar.

Das Alter

Mit zunehmendem Alter verträgt der Körper weniger Alkohol. Man hat das Gefühl, schneller betrunken zu werden und stärker unter Kater zu leiden. Auch die Gesundheitsrisiken durch übermäßigen Alkoholgenuss werden im höheren Alter größer. Unser Gehirn ändert sich mit dem Alter und wird weniger elastisch und flexibel. Der Alkohol verstärkt den Alterungseffekt noch.

Seien Sie ehrlich: Wissen Sie, wie viel Alkohol Sie trinken?

Tipps, um sicherzugehen

- Trinken Sie nicht täglich.
- Halten Sie sich an die Empfehlungen, was aber nicht heißen soll, dass Sie alle „Einheiten" in einem Zug trinken.
- Trinken Sie nicht mehr, nur weil die Flasche angebrochen ist.
- Trinken Sie nicht zur Mittagszeit. Auch eine kleine Menge Alkohol beeinträchtigt Ihre Leistung am Nachmittag.
- Lassen Sie es nicht zum Kater kommen. Trinken Sie neben dem Alkohol viel Wasser, damit der Körper nicht austrocknet.
- Wenn Sie einmal über die Stränge geschlagen haben, trinken Sie einige Tage keinen Alkohol. Fragen Sie sich selbst, warum Sie das gemacht haben, ob es den Kater wert war und ob Sie das wieder machen wollen!

Tagebuch des Alkoholkonsums

Vielleicht ist es nützlich Buch zu führen, wie viel Sie trinken. Führen Sie einen solchen Wochenkalender und tragen Sie die getrunkenen Einheiten ein.

	Mittags	**Abends**	**Andere Zeiten**
Montag			
Dienstag			
Mittwoch			
Donnerstag			
Freitag			
Samstag			
Sonntag			

MIT STRESS UMGEHEN

Bei Stress fühlen wir uns nicht wohl, sind angespannt und haben uns manchmal nicht im Griff. Stress kann viele Ursachen haben: zu viel Arbeit, ein Verkehrsstau, private Schwierigkeiten oder Schlafstörungen wegen Rückenschmerzen.

Wie Stress das Gedächtnis beeinflusst

Stress spielt bei Gedächtnisproblemen eine wesentliche Rolle, weil er die Konzentration verhindert. Neue Informationen können nicht aufgenommen und Erinnerungen nicht abgerufen werden.

Positiver und negativer Stress

Stress ist eine natürliche Reaktion. Eine geringe Menge Stress ist nützlich. Sie regt uns an und hilft uns, unsere geistige Verfassung auf einem optimalen Niveau zu halten. Zu viel Stress ist negativ und kann uns fast paralysieren und/oder Panikreaktionen auslösen. Unter Stress tun wir dann entweder gar nichts oder geraten außer Kontrolle.

	Positiver Stress	Negativer Stress	Kurzzeitstress	Langzeitstress
Ursachen	Nervosität vor Prüfungen oder Wettkämpfen	Sorgen	Verkehrsstau	chronische Leiden
	Lampenfieber	Störungen	Zahnarztbesuch	Arbeitslosigkeit
		zu viel im Kopf		
Auswirkungen	Adrenalinausstoß steigert die Leistung	Panik	kurzzeitige physische und mentale Symptome	dauerhafte und ernste physische und mentale Symptome
		unnormales Verhalten		

Physische Anzeichen

Sie haben vielleicht schon festgestellt, dass Stress auch physische Reaktionen hervorruft. Sie sind ängstlich, erschöpft, lassen sich leicht ablenken, können sich nicht konzentrieren und werden negativ gestimmt. Sie haben keinen Appetit, schlafen schlecht oder haben Alpträume. Schwerer Stress kann zu psychosomatischen Krankheiten, Allergien, Hautproblemen, Magenkrankheiten, Gemütsschwankungen usw. – möglicherweise sogar zu chronischer Müdigkeit – führen.

ÜBUNG: WIE SIE MIT STRESS FERTIGWERDEN

Entwickeln Sie sich eine Strategie. Lernen Sie, die Frühwarnsignale zu erkennen und die Probleme in den Griff zu bekommen. Zuerst müssen Sie Ursachenforschung betreiben.

- Ist es Ihre Umgebung?
- Haben Sie einfach zu viel zu tun?
- Gibt es momentan einen besonderen Grund?
- Liegt es an Ihrem Lebenswandel?
- Teilen Sie sich Ihre Zeit gut ein?
- Können Sie „abschalten“?
- Haben Sie eine Methode, sich zu entspannen?
- Haben Sie genügend Zeit für sich selbst?

Dann versuchen Sie die folgenden Strategien:

- Achten Sie auf gutes und tiefes Atmen.
- Nehmen Sie Ihren Lebensstil unter die Lupe.
- Lernen Sie Nein zu sagen.
- Machen Sie Entspannungsübungen wie zum Beispiel Yoga.
- Ändern Sie Ihre Lebensweise entsprechend.

SETZEN SIE IHREN PLAN UM

Sie wollen jetzt sicherlich wissen, wie es weitergeht. Identifizieren Sie die Stärken und Schwächen Ihres Gedächtnisses und stellen Sie alle anderen wichtigen Faktoren zusammen. Dann sind Sie bereit, Ihr Gedächtnis zu verbessern.

Los geht's

Erstellen Sie einen Aktionsplan

Schreiben Sie Ihre Ziele und Strategien auf und was Sie bis zu welchem Zeitpunkt erreichen wollen. Schreiben Sie auf:

- **Ihr Verhalten, das sich ändern oder verbessern soll**
- **alle Situationen, in denen Änderungen notwendig sind**

Dann vervollständigen Sie Ihren Plan, zum Beispiel:

Was möchten Sie an Ihrem Gedächtnis verbessern?

Ziele	Strategien	Zeitrahmen	Erreicht
an Namen erinnern	Assoziationen, Visualisierungen	ständig	
besser in Prüfungen abschneiden	besser zuhören, intensiver lernen	bis 1. Juni	
pünktlicher sein	Terminkalender, Organizer	sofort	Ja

Führen Sie Ihre Strategien jetzt ein

Um Ihr Gedächtnis durch interne und externe Strategien zu verbessern, müssen Sie üben:

- **Messbare Verbesserungen: Machen Sie die Tests der Schritte 3 und 4 noch einmal. Haben Sie sich verbessert?**
- **Wenden Sie Ihre neuen Methoden regelmäßig an. Andernfalls hält die Wirkung nicht an. Alle Maßnahmen müssen auf Sie persönlich zugeschnitten sein, damit sie realisierbar sind.**

Machen Sie weiter

Nutzen Sie konsequent Ihre Hilfsmittel

Machen Sie sich Notizen. Das hilft Ihnen, Ihren Plan zu verfolgen. Nehmen Sie immer Ihr Notizbuch mit, wenn Sie irgendwohin gehen – Sie brauchen es vielleicht.

Belohnen Sie sich selbst

Das Gedächtnis zu verbessern erfordert Zeit und Anstrengung. Wenden Sie einen kleinen Trick an: Wann immer Sie ein noch so kleines Zwischenziel erreicht haben, belohnen Sie sich selbst mit irgendeinem „Geschenk".

Verinnerlichen Sie Ihre Übungen

Sie werden dahin kommen müssen, dass Ihre Übungen allmählich immer häufiger automatisch ablaufen. Indem Sie sich an Ihre neuen Methoden gewöhnen, verinnerlichen Sie diese. Wenn Sie sich zum Beispiel angewöhnt haben, ein Notizbuch mitsichzuführen, werden Sie bald ohne Notizbuch nicht mehr leben können. Daher sollten Sie Ihre Notizbücher von Anfang an durchnummerieren, um sie später einordnen zu können.

SCHNELLÜBERSICHT ÜBER ALLE SCHRITTE DIESES BUCHS

Zur Auffrischung der Erinnerung ist hier ein Rückblick, was Sie bis hierher gelernt und erreicht haben sollten.

SCHRITT 1

Sie haben gelernt, wie das Gedächtnis funktioniert. Vor diesem Hintergrund verstehen Sie auch Ihr eigenes komplexes Gedächtnis.

Wesentliche Punkte

- Die Gedächtnisprozesse laufen im Gehirn ab. Wir nehmen die Informationen auf verschiedenen Wegen auf: über die Augen und Ohren, durch die Geruchs- und Geschmackssinne usw.
- Das Kurzzeitgedächtnis ist der unmittelbare Empfänger von Informationen und leitet diese an das Langzeitgedächtnis weiter. Seine Kapazität umfasst etwa sieben Informationseinheiten.
- Das Langzeitgedächtnis ist unser komplex organisierter Informationsspeicher. Je mehr Bedeutung einer Information zugeordnet werden kann, desto besser wird diese gespeichert.
- Unterschiedliche Informationsarten werden in jeweils anderen Speicherbereichen abgelegt, zum Beispiel für unterschiedliche Zeitperioden, für Tätigkeiten in der Zukunft, für Episoden in der Vergangenheit.
- Wir lernen die Welt explizit kennen, aber im Laufe der Zeit reagiert unser Gedächtnis implizit und automatisch. Daher können wir lesen, sprechen, Rad fahren usw. ohne Anstrengung des Gedächtnisses.
- Die Erinnerung ist personifiziert – je persönlich bedeutsamer eine Information ist, desto leichter bleibt sie im Gedächtnis.

SCHRITT 2

Sie haben gelernt, welche Faktoren das Gedächtnis beeinflussen.

Wesentliche Punkte

- Warum wir vergessen: Das Gedächtnis lässt nach, Neues überlagert Altes und manchmal streikt das Gedächtnis.
- Manchmal müssen wir vergessen. Das ist normal.
- Wir müssen uns konzentrieren können, um zu erinnern.
- Wiederholen allein reicht nicht aus, um etwas zu lernen. Man muss auch Assoziationen bilden und der Information einen Sinn geben.
- Wiedererkennen fällt uns leichter als erinnern.
- Überlagerungen verhindern manchmal die Erinnerung.
- Der Informationszugriff wird durch Inhalte und Schlüssel unterstützt.
- Frauen haben andere Stärken und Schwächen als Männer.
- Emotionale Gründe können unsere Erinnerung behindern, zum Beispiel unangenehme Ereignisse, Stress oder Depressionen.
- Das Gedächtnis ist im Alter von 16 bis 23 Jahren am besten.
- Mit zunehmendem Alter ändert sich das Gedächtnis.

SCHRITT 3

Sie haben über Ihr eigenes Gedächtnis nachgedacht und haben einige Tatsachen untersucht, die für das Verständnis wichtig sind.

Wesentliche Punkte

- Niemand hat ein perfektes Gedächtnis. Jeder ist anders.
- Einflussfaktoren sind: Alter, Selbstvertrauen, Stress, Krankheit.
- Je nach Persönlichkeit sind die Ansätze unterschiedlich.
- In einer Übung haben Sie entdeckt, wie Sie sich selbst optimieren.
- Sie haben sich Ihre eigenen Beweggründe und Ziele überlegt.

SCHRITT 4

Sie haben einige Selbsttests durchgeführt.

Wesentliche Punkte

- Sie haben Ihr Kurzzeitgedächtnis getestet (verbal, visuell und räumlich).
- Sie haben Ihre Erinnerung getestet.
- Sie haben Ihr episodisches und semantisches Langzeitgedächtnis getestet.
- Sie haben Ihr Gedächtnis für die Zukunft getestet.
- Sie haben Ihre Ergebnisse in einem persönlichen Gedächtnisprofil zusammengefasst.

SCHRITT 5

Sie haben Einiges über die wichtigen Fähigkeiten zur Entwicklung des Gedächtnisses gelernt.

Wesentliche Punkte

- Wissen über Ihr eigenes Gedächtnis.
- die Macht der Konzentration
- der Nutzen der Vorausplanung und Organisation
- lernen zu delegieren, Prioritäten zu setzen, Nein zu sagen und Zeit zum Ausruhen zu haben
- die besondere Fähigkeit zu lernen und die Bedeutung, Informationen durch bedeutungsvolle Inhalte zu ergänzen

SCHRITT 6

Sie haben einige Strategien zur Verbesserung Ihres inneren Gedächtnisses gelernt.

Wesentliche Punkte

- Informationen in übersichtliche Teile zu gliedern
- Organisationsstrategien anzuwenden
- Lernstoff aufzubereiten
- Informationen mit inhaltlicher Bedeutung zu belegen
- zum Lernen Assoziations-Strategien anzuwenden, zum Beispiel Visualisierungen
- durch Wiederholungs-Techniken die Informationen besser in das Langzeitgedächtnis zu überführen
- spezielle Zugriffsstrategien wie alphabetische Suche, visuelle Suche, inhaltliche Verknüpfungen anzuwenden

SCHRITT 7

Sie haben externe Hilfen für das Gedächtnis kennengelernt.

Wesentliche Punkte

- Zeit einzuteilen und Prioritäten zu setzen
- Organisationshilfen zu nutzen und Arbeitsweisen anzugewöhnen: Wandkalender zu Hause und im Büro, Terminkalender, Notizblock, Aufgabenlisten zu führen
- realistische Zeitpläne zu erstellen und einzuhalten
- lernen mit Ablenkungen umzugehen
- sich besser zu organisieren

SCHRITT 8

Hier finden Sie eine Schnellübersicht, um mit bestimmten Situationen, die das Gedächtnis beeinträchtigen, umzugehen.

Wesentliche Punkte

- Setzen Sie für jeden Tag Prioritäten, um nicht „Feuerwehr spielen" zu müssen. Ihr Plan muss realistisch sein, damit er auch eingehalten werden kann.
- Wenden Sie die 80 : 20-Regel an.
- Planen Sie eine Woche im Voraus.
- Bekommen Sie die Ablenkungen in Ihrer Umgebung in den Griff (Telefonanrufe, E-Mails usw.).
- Legen Sie Besprechungen und Telefonate in bestimmte Zeitfenster.

Tägliche Gedächtnisprobleme

- Namen: zuhören, wiederholen, visualisieren, assoziieren
- Zahlen und Daten: Kalender verwenden, Zahlen in Blöcke gliedern, zu visualisieren versuchen
- Verlieren und Verlegen: im Geiste zurückverfolgen, visualisieren, angewöhnen, etwas immer an denselben Platz zu legen
- Vergessen, warum Sie einen Raum betreten haben: konzentrieren, nicht im Geiste abschweifen, in den vorherigen Raum zurückgehen, um das Gedächtnis anzustoßen
- „Es liegt mir auf der Zunge": alphabetische Suche, inhaltliche Zusammenhänge herstellen, entspannen, visualisieren

Sich unterwegs zurechtfinden

- vor Fahrtantritt die Route planen und visualisieren, markante Punkte und Straßennummern aufschreiben, den Zielort auf der Karte markieren, um ihn schnell zu finden
- nach dem Weg fragen: zuhören und nicht darauf achten, wie die Person gekleidet ist; die Wegerklärung wiederholen, visualisieren, im Kopf durchgehen; notfalls um Wiederholung der Erklärung bitten

Prüfungsvorbereitung

- im Unterricht aufmerksam zuhören
- rechtzeitig vor der Prüfung die Vorbereitungen planen und einhalten; ruhezeiten einplanen
- Lernabschnitte unterteilen, zusammenfassen, durch weitere Lektüre abrunden, mit anderen durchsprechen, visualisieren, sicherstellen, dass Sie den Lernstoff verstanden haben
- Belohnen Sie sich selbst, wenn Sie im Plan liegen.
- Bleiben Sie gesund – essen, schlafen und entspannen.

Gedächtnisprobleme im Alter

- Sorgen Sie sich nicht – dies wäre das Schlechteste, was Sie machen können.
- Finden Sie sich damit ab, dass Sie älter werden und Ihr Gedächtnis sich etwas ändert – das ist normal.
- Lassen Sie Augen und Ohren untersuchen. Sie könnten zu Gedächtnisproblemen beitragen.
- Halten Sie Ihr Gehirn fit mit Schachspielen, Rätselraten o. Ä.
- Entwickeln Sie interne und externe Strategien.
- Wenn Sie sich ernsthaft Sorgen machen, suchen Sie einen Arzt auf. Entweder kann er Sie beruhigen oder Ihnen medizinische Hilfe bieten, falls dies notwendig ist.

SCHRITT 9

Es hat sich gezeigt, wie wichtig bestimmte Verhaltensweisen im Leben sind und wie diese das Gedächtnis beeinflussen können. Scheuen Sie sich nicht Angewohnheiten umzustellen.

Übungen
Körperliche Übungen sind wichtig, weil sie über chemische Stoffe positive Auswirkungen auf das Gehirn haben. Auch geistige Übungen sind wertvoll.

Ernährung
Mäßigung und Ausgewogenheit sind die entscheidenden Punkte. Mediterrane Kost ist für Körper und Geist gesund. Essen Sie viel Obst und Gemüse. Olivenöl schützt vor altersbedingten Problemen.

- Nahrungsmittel mit vielen gesättigten Fettsäuren und wenig Nährstoffen sind schlecht. 80 Prozent aller Nährstoffe im Essen werden vom Gehirn gebraucht.
- Besondere „Gehirnnahrung“ ist reich an Proteinen (in Fisch, Fleisch, Milchprodukten, Bohnen, Getreide). Kohlenhydrate sind wichtig, um den Glukosepegel stabil zu halten (Obst, Gemüse, Getreide). Die wichtigen ungesättigten Fettsäuren (fetter Fisch) enthalten die Vitamine A, B, C und E sowie Mineralstoffe.
- Zur „Gehirnnahrung“ gehören auch Peperoni, Zwiebeln, Brokkoli, Tomaten, Bohnen, Nüsse, Kresse, Linsen sowie Sojaprodukte.

Alkohol

Alkohol übt einen gewaltigen Einfluss auf die Lern- und Gedächtnisleistung aus. Er beeinträchtigt die Fähigkeit des Gehirns neue Erinnerungen aufzunehmen. Bedenken Sie, dass Alkohol eine Droge ist und deshalb enge Grenzen beim Konsum zu setzen sind. Das vertretbare Maß ist von Person zu Person ebenso unterschiedlich wie zwischen Mann und Frau. Der Kater entsteht, wenn unser Körper nicht in der Lage ist, die Giftstoffe schnell genug wieder loszuwerden. Dazu leidet der Körper an Flüssigkeitsmangel, was zu Unwohlsein und Gedächtnisproblemen führt.

- Trinken Sie niemals unmäßig.
- Mindestens zwei Tage in der Woche sollten alkoholfrei sein.
- Wenn schon Alkohol, dann mit viel Wasser dazu.

Stress

In unserer heutigen Gesellschaft ist Stress allgegenwärtig und kann unser Gedächtnis ernsthaft beeinträchtigen. Versuchen Sie Stress zu reduzieren.

Schlaf

Ein guter Schlafrhythmus ist für das geistige und psychologische Wohlbefinden sehr wichtig. Schlafen Sie nicht zu viel und nicht zu wenig. Entwickeln Sie ein Schlafverhalten, das für Ihre Person angemessen ist.

INDEX

Erstveröffentlichung in Großbritannien
2005 unter dem Titel „Memory Boosters“
by Hamlyn Octopus, part of Octopus
Publishing Group Ltd, 2–4 Heron Quays,
Docklands, London E14 4JP

Genehmigte Lizenzausgabe
EDITION XXL GmbH
Fränkisch-Crumbach 2007
www.edition-xxl.de

Übersetzung: Dr. Peter Albrecht
Satz: SAMMÜLLER KREATIV GmbH

ISBN (13) 978-3-89736-270-3
ISBN (10) 3-89736-270-8